MÉMOIRES
DE
CÉLESTE MOGADOR

I

MA FAMILLE. — UN VOYAGE A PIED.

Je ne sais si vous recevrez jamais cette espèce de griffonnage qu'entre nous j'appellerai, puisque vous l'avez voulu, mes Mémoires.

Vous m'avez demandé mon histoire. Tout ce que je n'aurais pas osé vous dire de vive voix, je vais vous l'écrire.

Je suis obligée de reprendre d'un peu loin et de laisser en blanc bien des noms trop connus pour être cités. Mais, à mesure que j'avancerai, j'essayerai de vous dépeindre les personnages, et j'espère que vous les reconnaîtrez.

Je ne veux pas faire de ma vie un roman; je ne veux pas me réhabiliter ou poser en héroïne. En parlant de ce que j'ai souffert, de ce que j'ai pu faire de mal ou de bien, je vous dirai tout sans réserve, et vous verrez qu'il me faut un grand courage pour regarder le passé en face.

J'avais six ans quand je perdis mon père. C'était un brave et honnête homme qui m'aurait étouffée, avant de mourir, s'il se fût douté que, quelques années plus tard, on m'appellerait Mogador.

Nous étions établis à Paris, rue du Puits, près du Temple. Ma mère était occupée de son commerce, qui allait bien. Moi, pourvu que je fusse bien frisée, et que ma mère me mît une jolie robe, le reste me touchait peu. Aussi j'avais dix ans que je ne savais pas lire, et que force me fut de faire ma première communion au petit catéchisme.

Impossible de rien me faire apprendre; sitôt qu'on voulait m'envoyer en classe, c'étaient des pleurs et des cris sans fin. On finissait toujours par me céder.

Je ne reproche pas cette faiblesse à ma mère,

Le théâtre de Cologne est détruit par un incendie à cinq heures du matin. Le caissier du théâtre, sa femme et ses cinq enfants ont péri.

Aux Variétés, première représentation de Une fausse joie, un acte de MM. Raymond Deslandes et Hippolyte Rimbaut et de l'Astronome du Pont-Neuf, un acte de M. Moinaux, musique de M. Emile Durand.

(*La Liberté du 19 février 1869.*)

~~~

Du journal de M. Combes :

« Il est inutile de dire, je pense... ri qu'ils ne doivent pas la totalité du dernier trimestre et l'État-patron, se faisant juge et partie, tranche le cas par simple arrêté ministériel, et procède aux voies d'exécution sans que l'affaire ait été jugée ! C'est inouï !

» Nous intentons, vous le savez, un double procès à l'État au sujet des conséquences de l'incendie de Gutenberg. Par le premier, nous réclamons des dommages-intérêts pour un abonné sinistré ; par le second, nous demandons une réduction de taxe pour un abonné de la périphérie (réduction de moitié pour le dernier trimestre 1906). Une fois ces deux « espèces » jugées, comme on dit au Palais, si nous obtenons gain de cause, le double jugement fera aussitôt jurisprudence, et tous les abonnés de Paris pourront réclamer et auront, suivant le cas, à des dommages-intérêts ou à une réduction d'abonnement...

Saint-François-Xavier...

...souvenir est si effacé, mais dont l'œuvre subsiste...

C'est sans doute à ce caractère national bien accusé, que le roman de Renart dut ses succès considérable. Déçousu dans la forme, œuvre française, une œuvre originale qui fut bien vite traduite et adaptée. Une de ces adaptations — le Reinaert néerlandais composé au treizième et au quatorzième siècles — eut l'honneur d'être imitée par Gœthe, qui en l'occurrence fut un peu le prédécesseur de M. Rostand.

⁎

Les héros de cette « épopée animale » sont individualisés ; ce ne sont pas le goupil (nom primitif du renard), le loup, l'ours, le chat, le cerbeau, le coq, ni... rusent, — mais Renart, combattent, Brun, Tybert, Tiercelin, Chantecler... Ysengrin. — Renart appelle Ysengrin « mon oncle » avant que de se brouiller avec lui ; et dame Hersent, dame Renart, — est la compagne de Renart. — dame Richeut est la compagne d'Ysengrin, comme dame Hermeline, celui qui quitte bientôt son nom un peu rude pour celui d'Hermeline, qu'elle estime plus doux et plus seigneurial.

Parmi tous ces noms appliqués aux acteurs de cette comédie pseudo-animale et quasi-humaine, les uns comme Renart, Ysengrin, Brichemer (le cerf), étaient des noms portés dans la réalité par des hommes ; les autres furent inventés d'après l'aspect, le caractère, la spécialité, si l'on peut dire, de l'être qu'ils désignent : le roi de la féodalité animale, le lion, est dénommé Noble, sa « femme » Fière ; le lièvre s'appelle Couard ; le taureau Bruyant ; il vint au désir m'en vint, soit en chemin de fer...

MÉMOIRES

DE

CÉLESTE MOGADOR

Paris. — IMP. DE LA LIBRAIRIE NOUVELLE. — Bourdilliat, 15, rue Bréda.

MÉMOIRES

DE

CÉLESTE

MOGADOR

TOME PREMIER

PARIS
LIBRAIRIE NOUVELLE
BOULEVARD DES ITALIENS, 15

La traduction et la reproduction sont réservées.

1858

mais je regrette qu'elle l'ait eue. J'étais toujours dehors en course ou à jouer. De là me vient ce caractère résolu et indépendant que vous me reconnaissez, je crois.

Je ne pouvais pas souffrir les amusements des petites filles, et si je m'amusais c'était plutôt à des jeux de garçons. Je préférais mille fois une boîte de soldats à une poupée. Mes goûts tenaient un peu du reste à mon entourage.

Nous étions chapeliers. Il y avait toujours un va-et-vient de cinq ou six ouvriers à l'atelier. Ces ouvriers, qui m'avaient vu élever, reportaient sur moi toute l'affection qu'ils avaient pour mon père. J'étais gâtée, volontaire.

A côté du souvenir des personnes qui m'aimaient vient s'en placer tout de suite un autre, qui a pesé bien lourdement sur ma vie.

Il y avait un homme grand, qui venait souvent à la boutique. Je le détestais. J'étais heureuse quand je pouvais lui dire des choses désagréables, ce qui arrivait souvent. Comme j'étais mal élevée, j'étais grossière. Mais au lieu de se fâcher, il me faisait mille petits présents; il s'extasiait sur ma beauté.

Il vantait mon esprit; il disait que, s'il avait une fille comme moi, il serait le plus heureux des hommes.

Toutes ses cajoleries étaient en pure perte. Il faut accorder aux enfants et aux chiens de sentir qui les aime vraiment ou qui fait semblant.

M. G... était un homme de trente-cinq ans, très-grand. Il avait bien, je crois, cinq pieds sept pouces ; les épaules larges, les cheveux noirs, les yeux un peu enfoncés, quoique grands, les sourcils très-épais, qui paraissaient encore plus noirs que ses cheveux, la tête ronde, la figure plate, le teint pâle, le nez pincé, les lèvres tellement minces, qu'on n'en voyait le rouge que quand il parlait.

Ses favoris noirs se confondaient avec sa cravate de soie. Je ne lui ai jamais vu de col à sa chemise, et la plupart du temps il tenait sa redingote boutonnée, ce qui me faisait toujours dire qu'il ressemblait à un espion. C'était ma manière de le désigner. Il était Lorrain.

Quand il parlait, on était tout étonné d'entendre une voix de femme sortir de ce grand corps. Il ne vous regardait jamais en face. J'en avais peur.

Quand il voulait jouer avec moi comme avec une petite fille, me donner quelque chose, me prendre la main ou m'embrasser, je me sauvais à toutes jambes, et je ne rentrais à la maison qu'après m'être assurée qu'il était parti.

Près d'un an s'était écoulé. Je n'aimais pas

M. G..., mais je m'y étais habituée ; quand on me grondait, il me défendait. Quand je voulais quelque chose, je le demandais devant lui ; si on me le refusait, il me l'apportait le lendemain.

J'ai su depuis qu'à ce moment, M. G... avait déjà demandé maman en mariage ; que, sans dire ni oui ni non, maman avait répondu :

— Je verrai plus tard ; pour donner un beau-père à ma fille, il faut que je sois bien sûre qu'il la rendra heureuse.

De là toutes ses bontés pour moi. Mon instinct d'enfant ne m'avait point trompée. Dans son désir de me complaire, M. G... était guidé par son intérêt.

Il était ingénieur-mécanicien et très-habile ouvrier. Il avait une maison dans son pays. Tout le monde disait du bien de lui. Le mariage fut arrêté et conclu en deux mois.

Il n'y avait pas six jours que ma mère était mariée, que vingt personnes vinrent demander de l'argent. G... était criblé de dettes.

Tous ces braves gens dirent à ma mère :

— Vous avez épousé un scélérat : s'il ne nous avait pas dû de l'argent, nous vous aurions avertie, mais il nous menaçait en nous disant que, si nous l'empêchions de se marier, il ne nous payerait jamais.

Ma mère pleurait. Pour un oui, pour un non, il me rouait de coups. Notre vie n'était plus qu'une suite de scènes violentes.

Tout prit une autre tournure dans la maison, et au bout d'un an tout fut mangé. Ma mère attaqua son mari en séparation. La preuve de ce qu'il nous faisait souffrir ne manquait pas ; mais la justice dit toujours aux femmes malheureuses :

— Prenez patience ; votre mari promet de ne plus vous battre.

Des amis s'en mêlèrent et on les raccommoda. De nouvelles scènes éclataient. On les raccommodait encore. Lui ne voulait pas se séparer.

Ma mère était si courageuse ! elle travaillait pour deux ; et puis mon grand père était riche. G... convoitait sa succession.

Il trompait tout le monde avec sa voix douce. Il disait au juge :

— Je suis bien malheureux. J'adore ma femme ; je l'ai frappée, c'est par vivacité ; je jure de ne plus recommencer.

Alors réconciliation forcée, imposée par la justice.

Nous avons vécu un an comme cela. J'étais devenue idiote ; je n'osais pas dire quand j'avais faim.

Un soir, à minuit, G... rentra pris de vin, vint à mon lit, m'ôta ma couverture, et comme ma mère lui disait : « Mais tu es fou de réveiller ainsi cette pauvre enfant et de la découvrir ; il gèle. » G..... entra dans une rage féroce, prit ma mère par le milieu du corps, et la jeta dans l'escalier. La tête de ma pauvre mère alla se heurter à un angle. Elle fut inondée de sang. Elle eut le courage de remonter, de me prendre dans ses bras, en lui disant . « Si vous touchez un cheveu à ma fille, je vous tue. »

Nous avions à peine descendu deux étages, qu'elle tomba en m'entraînant dans sa chute.

Le froid, la peur, la douleur, m'avaient causé un évanouissement complet. Nous serions mortes là toutes deux, si un menuisier, qui demeurait dans la maison, n'avait ouvert sa porte.

Sa première pensée fut de nous faire entrer chez lui, mais il était garçon. Réfléchissant qu'on pouvait faire des conjectures, il pensa qu'il valait mieux nous mettre en lieu de sûreté. Il fut décidé que nous attendrions le jour au poste.

Lorsque je revins à moi, j'étais dans un fauteuil, bien entortillée dans une capote militaire. J'avais près de moi un soldat, qui réchauffait mes mains dans les siennes. On avait pansé les blessures de ma mère ; elle reposait.

Voici ce qui s'était passé :

Notre jeune protecteur nous avait conduites au poste et recommandées à l'officier qui le commandait. Comme j'avais été arrachée de mon lit, toute nue, on avait envoyé quatre hommes chez mon beau-père demander de quoi me vêtir.

Les soldats trouvèrent une femme dans la chambre de ma mère. Voilà pourquoi G... nous avait jetées dehors.

On les arrêta tous les deux, et on les mit dans le violon du poste où nous nous étions réfugiées.

G... voulait se jeter sur nous, mais on faisait bonne garde.

— Je les tuerai toutes les deux! criait-il en écumant de rage.

— En attendant, dit l'officier, je vais vous envoyer à la Préfecture de police, pour un bon bout de temps.

Quand le jour parut, ma mère, qui ne pouvait marcher, fut placée ainsi que moi sur un brancard, et on nous porta toutes les deux chez le commissaire de police, qui envoya M. G... en prison, et qui fit conduire ma mère à l'Hôtel-Dieu.

— Tranquillisez-vous, madame, ayait-il dit à maman ; je vais vous donner un certificat pour que vous puissiez garder votre enfant près de vous. Votre mari ne sortira pas de sitôt, et si j'ai un conseil à vous donner, aussitôt que vous serez guérie, quittez Paris, allez-vous-en le plus loin possible avec votre enfant, car cet homme pourrait vous faire un mauvais parti.

La convalescence de ma mère fut longue. Il lui vint un dépôt et à la suite de ce dépôt un érysipèle.

La pauvre femme craignait la guérison plus que la douleur. Quant à moi, avec l'étourderie de mon âge, je me trouvais très-bien à l'hospice. En un mois de temps, j'étais devenue grasse, fraîche, bien portante. Tout le monde me chérissait. C'était à qui me trouverait jolie! C'était à qui répéterait que j'avais un esprit incroyable pour mon âge. J'avoue que j'aspirais déjà ces éloges avec bonheur. Ma mère commençait à se trouver mieux; il fallait qu'elle songeât à nous assurer une retraite sûre.

Prévoyant mon départ, les bonnes sœurs grises me serraient à tour de rôle dans leurs bras. Elles me couvraient de baisers et de chatteries.

Mon Dieu! que c'était une belle chose pour moi alors qu'un hospice. J'étais une cause d'enchantement perpétuel pour les abonnés. On appelle ainsi dans les hôpitaux les malades qui, atteints depuis longues années de maladies incurables, voient passer devant eux, immobiles et sans espoir, la population flottante des personnes atteintes de maladies aiguës. Ces pauvres gens avaient vu bien des entrées et des sorties, ils avaient vu arriver bien des vivants, ils avaient vu emporter bien des morts.

Je leur rappelais la vie, dans ce qu'elle a de plus doux et de moins désillusionné, l'enfance. Aussi le soir, dans cette grande salle Sainte-Marie, quand les sœurs me faisaient réciter tout haut mes prières, ils écoutaient avec recueillement cette voix d'enfant qui prie pour tout ce qui souffre.

Chastes et douces impressions de mes premières années, l'existence que j'ai menée depuis vous a bien peu ressemblé, mais combien de fois, au milieu de l'agitation des plaisirs et de la vie, j'ai regretté le temps où je vous ressentais!

Le moment de partir était venu. Nous reçûmes avis du bureau de police que mon cher beau-père allait sortir de prison. Ma mère voulait mourir plutôt que d'être exposée à le revoir. On lui donna le conseil de quitter Paris.

Une ouvrière, qu'elle avait employée, lui dit :

— Écoutez, je suis au moment de partir pour

Lyon, où je dois travailler chez M. Pomerais, chapelier. Voulez-vous partir à ma place?

J'ai cru que ma mère allait l'étouffer en l'embrassant.

— Henriette, vous nous sauvez la vie; je me souviendrai toujours du service que vous me rendez, et je prie Dieu qu'il me donne l'occasion de vous montrer ma reconnaissance.

Deux jours après, ma mère prit un passeport sous un nom supposé, avec le droit des indigents, trois sous par lieue, et le lendemain nous partîmes. Henriette nous fit la conduite avec un ouvrier ébéniste, nommé Honoré, qui avait voulu épouser ma mère, plus tard être mon parrain, et qui n'avait jamais été qu'un ami dévoué.

Nous arrivâmes bientôt à l'endroit où nous devions nous quitter. Ma mère se séparait à regret de ses amis : incertaine du lendemain, effrayée de la longueur de la route qu'elle allait entreprendre à pied avec moi, elle regardait en arrière. Mais le souvenir de son mari ne lui permettait pas d'hésiter : la crainte de voir apparaître un obstacle à notre fuite l'aiguillonnait. Quant à moi, je brûlais du désir de partir; je tirais maman par sa robe. On eût dit que l'espace qui était devant nous m'appelait.

A l'âge que j'avais, la misère est une partie

de plaisir, quand on va la chercher hors de chez soi.

Henriette pleurait à chaudes larmes. Honoré me serrait sur son cœur; mais l'envie de voyager était plus forte que l'émotion des adieux, et je cherchais à me dégager.

A ce moment, les routes aux abords de Paris étaient encore pavées et bordées de grands arbres. En écoutant le bruit des voitures et le vent qui faisait crier les branches et bruire les feuilles, je me sentais palpiter d'impatience et de bonheur.

De tout ce que je voyais, de tout ce que je m'attendais à voir, surtout, je faisais un monde, et je disais à chaque instant : Partons.

Henriette me donna une petite robe, Honoré un chapeau de paille à larges bords. Ils n'étaient riches ni l'un ni l'autre, cependant ils nous offrirent un peu d'argent. Ma mère les rassura :

— J'ai ce qu'il faut pour moi et pour Céleste.

Leur bon cœur se gonfla, car ils savaient bien que nous sortions de l'hôpital sans un sou, mais ils n'osèrent pas insister. Nous échangeâmes ces baisers des malheureux qui ne ressemblent en rien aux caresses des gens du monde, et nous nous séparâmes en prenant chacun la route opposée.

Nous marchâmes un quart d'heure en silence. Ma mère s'arrêta, regarda en arrière. Je voulais voir comme elle. Je montai sur une borne qui marquait un quart de lieue. J'entendis maman soupirer; je vis ses yeux se mouiller de larmes, et elle se dit à elle-même : *Plus rien !*

Nous marchâmes toute la journée sans rien prendre. A huit heures, nous avions fait une étape et nous entrions dans une ferme qui bordait la route. Nous demandions si peu, que l'on nous reçut froidement. J'étais bien fatiguée ; mais, comme le malheur développe l'intelligence, je compris qu'il ne fallait pas laisser voir mon abattement.

Je fis semblant d'être gaie ; je sautai, je fis des agaceries aux gens de la maison. Ma gentillesse plut et l'on nous prodigua les mêmes soins que si nous avions été riches.

Le lendemain, ma mère alla recevoir ses secours de route à la mairie, et notre voyage se continua sans accident jusqu'à Châlons. Ma mère était pieuse, et, sous l'influence de sa dévotion, elle m'a donné dans mon enfance des habitudes et des impressions dont rien n'a pu effacer le souvenir. Chaque fois que nous rencontrions une église, une croix, un calvaire, nous faisions une prière et nous demandions à Dieu de nous proléger dans cette longue route, toujours pénible pour une femme et pour une enfant réduites à marcher à pied.

Au moment de notre arrivée à Châlons, de grosses gouttes de pluie commençaient à tomber. Tout annonçait l'approche d'un orage affreux.

Nous courûmes, malgré notre fatigue, à l'embarcadère des bateaux à vapeur. Il faisait une chaleur étouffante ; j'avais été tellement brûlée par le soleil, que mon cou était tout couvert de cloches ; je souffrais beaucoup. Le bateau partait à cinq heures du matin. Ma mère, pour assurer sa place, paya d'avance. La fille d'auberge nous éveilla à quatre heures. Nous descendîmes dans une grande salle prendre du café. Tout le monde était en émoi.

Il faisait un temps épouvantable. La Saône roulait ses flots comme la mer. On y voyait à peine, ce qui ajoutait encore aux difficultés de l'embarquement. On avait mis une planche pour conduire les voyageurs de la terre au bateau. Le vent était si furieux, qu'on courait risque d'être emporté.

La crainte de perdre sa place fit commettre une imprudence à ma mère. Elle me prit dans ses bras et elle se hasarda à passer en courant ; mais son poids fit remuer la planche, ma mère fit un faux pas, ouvrit les bras, et je tombai dans la Saône.

On me retira tout étourdie de cette chute et de ce bain involontaire, mais sans autre mal que la peur.

Naturellement, nous avions pris les secondes places. C'était une petite chambre carrée, avec des bancs tout autour. Quand je fus changée et séchée, je regardai les personnes qui nous entouraient. Il y avait un prêtre à l'air bon et vénérable. Ses cheveux étaient blancs, son front haut, ses yeux noirs; il avait l'air jeune. On eût dit que cette chevelure blanche était une auréole pour le faire respecter, malgré son air de jeunesse apparente. Il y avait encore deux ouvriers proprement vêtus, une femme en robe voyante, coiffée d'un bonnet excentrique, et l'air hardi; maman et moi : nous faisions, en tout, six personnes.

Un peu remise de mes émotions, je m'approchai du prêtre et je tâchai de voir dans le livre qu'il tenait.

Les prêtres catholiques, qui n'ont point de famille, se plaisent avec les enfants; tant il est vrai que la nature sait toujours garder ses droits. Le curé me fit signe d'approcher, me montra de saintes images et m'engagea à prier Dieu, pour qu'il fît cesser l'orage. Je me mis à genoux devant lui, et je répétai à haute voix les paroles qu'il me disait tout bas.

Mes forces étaient épuisées. La fatigue l'emporta bientôt sur tout autre sentiment. Je me couchai sur la banquette, où je ne tardai pas à m'endormir, la tête sur les genoux de ma mère.

Le bruit de la foudre me réveilla en sursaut. Tout le monde poussait des cris de désespoir. Le bateau à vapeur avait failli se briser entièrement en passant sous l'arche d'un pont; la cheminée avait été en partie rompue. La Saône était écumante; ses ondes furieuses, gonflées, débordées, semblaient avoir la force d'inonder des villes entières. On lâcha la vapeur, et nous naviguâmes comme sur un vaisseau sans pilote et sans gouvernail.

La tempête se calma avec la même promptitude qu'elle avait mise à éclater. Le curé, qui était devenu mon ami, et qui m'avait protégée et rassurée pendant la tourmente, me dit en me quittant :

— Je t'avais bien dit, mon petit ange, que le ciel exaucerait ta prière, et que nous arriverions à Lyon sains et saufs.

Bon curé, mon compagnon de voyage sur le

bateau à vapeur de la Saône, si jamais ces pages vous tombent sous la main, j'ai bien peur que vous ne soyez un peu scandalisé des fautes et des égarements de celle que vous appeliez votre petit ange.

II

MON BEAU-PÈRE.

A peine arrivés à Lyon, il fallut que ma mère s'occupât de trouver un logement. Nous demandâmes la place des Célestins, où demeurait le maître à qui ma mère était adressée. Notre intention était de nous loger tout près de là. Nous trouvâmes, dans une maison voisine, une petite chambre bien modeste. La femme qui nous sous-loua cette chambre nous parut revêche et malveillante.

Je vous ai déjà dit, je crois, que ma mère avait pris un passe-port sous le nom de son amie Henriette. Le passe-port portait donc un nom de demoiselle. En m'entendant l'appeler maman, on la regardait de travers.

Notre hôtesse était une femme d'environ cinquante ans, maigre, petite ; sa figure n'avait rien de méchant, mais elle avait la voix si aigre et la parole si sèche, qu'elle me faisait presque peur. Je ne passais jamais devant sa porte sans marcher sur la pointe des pieds.

Il y avait deux jours que nous étions à Lyon. Maman était allée chez son maître, qui l'avait très-bien reçue ; mais elle n'avait pas osé lui dire qu'elle avait une fille. J'étais donc destinée à rester enfermée toute la journée.

La perspective d'être seule pendant des jours entiers me semblait affreuse. Je commençais à regretter mon beau-père et les coups qu'il me donnait. Si notre propriétaire avait eu l'air un peu plus gracieux, je me serais insinuée chez elle ; mais elle avait la figure gaie comme une porte de prison, et elle n'aimait au monde qu'un gros chat gris.

Ma mère voyait ma peine, et, pour me consoler, elle me faisait mille promesses, pour le dimanche. Tout cela ne servait qu'à faire couler mes larmes de plus belle. Ma mère se mettait alors à pleurer de son côté. C'était sa force contre moi. Je devins raisonnable : je promis d'être bien sage et d'ourler des mouchoirs. Il fallait que je fusse bien attendrie pour faire cette promesse, car j'avais horreur des travaux à l'aiguille.

Nous étions au vendredi. Ma mère ne devait entrer en fonctions que le lundi. Nous allâmes nous promener aux Brotteaux. Nous avions emporté notre déjeuner ; nous étions assises à l'ombre d'un beau marronnier, et nous allions nous mettre à manger, quand je sentis quelque chose de froid et d'humide s'approcher de mon cou. J'eus tellement peur que je n'osai pas me retourner. Je regardai maman, qui se mit à rire si fort, que je me décidai à tourner la tête, et je vis un gros chien barbet, couleur marron et blanc. C'est, du moins, ce que nous reconnûmes depuis, car, ce jour-là, il était si crotté, qu'il était impossible de rien distinguer, à l'exception de ses yeux gris-clair, de son nez noir, de ses dents blanches et de sa gueule rose. C'était un pauvre honteux. Il s'était approché de nous, au moment où j'allais porter à ma bouche la tartine que j'avais à la main. Je lui donnai mon pain. En quatre ou cinq coups de dents, il eut bientôt mangé plus que ma mère et moi.

Le repas achevé, nous fîmes une partie de course. Au bout d'une heure, nous étions si bien ensemble qu'il ne voulait plus me quitter, et que je le trouvais superbe. Nous revînmes à la maison ; il me suivit jusqu'à la porte. J'avais bien envie de demander à maman la permission de le garder ; mais un gros chien mange beaucoup, et nous avions bien juste pour nous.

Le moment suprême était arrivé : maman avait la main sur le marteau de la porte. Je pris mon courage à deux mains :

— Ma petite mère, voilà que nous rentrons, mais le pauvre chien est bien loin pour retrouver sa maison ; si tu voulais, je le garderais jusqu'à dimanche ; je ne m'ennuierais pas, et nous le reconduirions où nous l'avons trouvé.

— Tu es folle, ma fille ; tu veux nous faire renvoyer. Ne te rappelles-tu pas que la propriétaire a hésité à me louer, parce que j'avais un enfant. Si maintenant je lui amène un chien, elle va faire de beaux cris.

Je sentais la justesse de ces raisons. Je ne pouvais pas promettre de cacher mon ami ; il était de la taille d'un gros caniche. La porte s'ouvrit : mon barbet entra avec moi. Je lui disais bien : Va-t'en, va-t'en ; mais il remuait la queue et ne bougeait pas. Je roulais dans mes yeux de grosses larmes, prêtes à tomber. Maman n'y tint pas ; elle me prit la main, et baptisant mon chien en signe d'adoption :

— Viens, Mouton, dit-elle ; tu tiendras compagnie à Céleste.

Nous nous enfermâmes tous les trois dans notre chambre. Le reste de la journée se passa à faire la toilette de Mouton. Lorsqu'il fut bien lavé, bien peigné, je m'aperçus, avec des transports croissants, qu'il était loin d'être laid. Je n'avais plus peur d'être seule.

Quand ma mère eut travaillé quelque temps, comme elle entendait à merveille le commerce, qu'elle avait beaucoup de goût, ses maîtres devinrent très-bons pour elle. Elle raconta sa position et révéla mon existence. On lui fit des reproches de ne pas m'avoir amenée avec elle ; la dame voulait venir me chercher tout de suite.

— N'y allez pas, lui dit maman ; elle a un chien qu'elle ne voudrait pas quitter, c'est une passion dont vous ne pouvez vous faire l'idée.

La dame s'obstina à venir me chercher malgré mon chien, et à m'emmener avec mon chien.

Je fis une entrée superbe, en compagnie de Mouton. J'étais si assotée de ce chien que je ne pouvais parler d'autre chose. Quand on me disait : Tu es gentille, je répondais : Mouton se porte bien. — Es-tu bien sage ? — Je répondais : Il n'est pas gourmand du tout.

Plusieurs mois se passèrent ainsi ; nous étions

bien heureuses. Nous recevions des lettres d'Henriette, qui nous disait ce qui se passait à Paris. Mon beau-père avait remué ciel et terre pour savoir où nous étions. Il avait été pleurer chez tous nos amis ; mais on le connaissait bien et personne ne se laissait attendrir par ses grimaces.

Il courait, buvait, jouait. Au bout de six mois, il fut criblé de dettes, et n'aurait pas tardé à commettre quelque mauvaise action, qui l'aurait fait mettre en prison, sans une rencontre bien malheureuse qui lui révéla notre retraite et le mit sur notre trace.

Ma mère tenait le comptoir du chapelier chez qui elle travaillait.

Un jour, il vint un homme qui la reconnut pendait qu'elle le servait.

— Je ne me trompe pas, lui dit-il, vous êtes madame G... J'ai vu votre mari, il y a deux mois : c'est un bien méchant homme ; il dit, à qui veut l'entendre, que vous vous êtes sauvée avec un amant ; mais, soyez tranquille, ma femme l'a joliment remis à sa place.

— Gardez-vous, lui répondit ma mère, de dire que vous m'avez rencontrée.

L'homme fit les plus belles promesses de discrétion du monde. La première chose qu'il fit, en rentrant chez lui, fut d'écrire à sa femme : « Devine qui je viens de rencontrer à Lyon, chez un tel, chapelier, cette pauvre Mme G... avec sa fille. »

Peu de temps après, mon beau-père savait où nous étions. Comme il n'avait pas un sou, il se fit engager en qualité de chauffeur sur un bateau à vapeur qui faisait le service de Lyon. Je vous ai dit qu'il était ingénieur-mécanicien.

Ignorant la présence de G... à Lyon, nous vivions dans une complète sécurité. Le réveil fut affreux.

Un jour, ou plutôt un soir, car à quatre heures et demie, dans l'hiver, il fait nuit, je promenais mon chien. J'étais au milieu de la place, quand un homme me prit dans ses bras, et m'enleva de terre comme une plume.

J'allais crier ; mais tout d'un coup les battements de mon cœur s'arrêtent, ma voix s'éteint dans ma gorge. Je venais de reconnaître mon beau-père.

Il ne me dit pas un mot ; je ne pouvais revenir de ma surprise. Ce fut seulement quand je vis que nous nous éloignions de la maison que je lui dis : Où me conduisez-vous donc ? ma mère demeure là. — Sois tranquille, elle viendra bien nous retrouver.

Je fis un effort pour m'arracher de ses bras et crier ; mais il me serra si fort que mes os craquèrent et que ma voix mourut sur mes lèvres. Il m'étouffait.

— Écoute, me dit-il, ta mère est une misérable. Il y a bien longtemps que je la cherche; elle va me payer aujourd'hui tout le mal qu'elle m'a fait. Je sais bien qu'elle ne m'aime pas; toi, c'est autre chose, il faudra bien qu'elle te trouve, mais elle cherchera longtemps.

Je compris que j'étais perdue. Je jetai un dernier regard en arrière; chaque pas qui m'éloignait de ma mère me faisait mourir. J'allais fermer les yeux, quand je vis mon chien qui me suivait. Tout mon courage me revint, je n'étais plus seule. Je regardai. Mon chien avait l'air triste : on eût dit qu'il comprenait.

Nous passâmes dans plusieurs rues, puis devant un grand passage qui me fit peur. C'était la boucherie. Tous ces cadavres de bestiaux pendus aux portes, ce ruisseau qui coulait au milieu du passage, plein d'un sang noir et caillé, les quinquets fumeux qui projetaient à l'entrée une lueur sombre et terne; tout cela me faisait trembler de tous mes membres.

Nous étions arrêtés à l'entrée du passage. Déjà G... mettait son pied sur la première marche; par un mouvement plus fort que ma volonté, je lui passai mes deux bras autour du cou. Il n'y prit pas garde, le méchant homme, car s'il eût compris ma terreur, il m'eût fait entrer dans ce passage pour mieux me faire souffrir; mais, regardant à sa gauche, il traversa la rue et nous entrâmes dans une espèce de cul-de-sac; vers le milieu, il s'arrêta; je regardai la maison où il se disposait à entrer. Elle était haute, étroite; les fenêtres étaient fermées. Au rez-de-chaussée, il y avait une seule boutique dont les carreaux étaient blanchis. Cette maison ne ressemblait pas aux autres maisons. L'allée était noire. En entrant, mon corps se raidit et j'appelai mon chien. Mais en se retournant et voyant la pauvre bête sur ses pas, G... lui donna un coup de pied. Je sentis quelque chose de si douloureux à mon cœur, que je m'affaissai sur l'épaule de mon bourreau. Je ne vis plus rien; je n'entendis plus rien que les plaintes de mon chien qui s'éloignait en gémissant. Je ne sais si je m'étais évanouie, ou si la volonté de ne plus voir, de ne plus entendre, m'avait engourdie pendant quelques instants. Enfin j'entendis parler; c'était une voix de femme. J'ouvris les yeux et sautai à bas de la chaise sur laquelle on m'avait déposée. Je courus près de cette femme; je me serrai si près d'elle, qu'on eût dit que je voulais entrer dans son corps. Je vis les yeux de G... qui dardaient sur moi; je détournai la tête et n'osai dire un mot. Nous étions dans une salle qui me paraissait étrange. Cela ressemblait à un café, et cependant cela n'en était pas un. Il y avait là des chaises, des tables, un comptoir, des liqueurs, plusieurs femmes décolletées, à peine vêtues. Une de ces femmes était assise à côté de G... C'est près de celle-là que je m'étais réfugiée. Elle avait la voix rauque, l'air méchant. Deux autres femmes étaient à une table avec deux hommes; au milieu de ce groupe montait une flamme bleue et rouge qui me fascinait et donnait un air diabolique aux personnages qui l'entouraient. Deux autres femmes jouaient aux cartes. J'en vis une autre encore, qui, derrière moi, travaillait à une petite robe d'enfant. Elle avait l'air plus jeune que ses compagnes; elle était plus décente dans sa mise. Elle avait quitté son ouvrage et me regardait. Je la vis bien en face. Ses yeux était bons; sa figure, quoique laide, avait quelque chose de doux qui m'attirait vers elle.

Avec l'instinct de la peur, qui cherche à fuir, j'examinai cette singulière boutique où j'étais prisonnière, les carreaux dépolis ne me permettaient pas de voir au-dehors; la porte sur la rue était condamnée.

Je fis un mouvement de surprise. La femme

près de laquelle j'étais placée se préparait à boire un verre de liqueur jaune clair, qui se renversa en partie sur elle.

— Le diable emporte l'imbécile ! s'écria-t-elle ; voilà ma robe tachée.

Et elle me poussa si brutalement que j'allai rouler à quelques pas. Je restai stupéfaite, n'osant même plus lever les yeux.

Au bout d'un instant, je sentis quelqu'un qui me tirait doucement par la manche. C'était la femme qui travaillait. Je pris la main qu'elle me tendait et je la serrai de toutes mes forces ; elle me prit sur ses genoux. Mon cœur se détendit un peu.

Les deux femmes qui étaient à table avec des hommes dirent à celle qui était près de G... — Eh ! la Louise, veux-tu du punch ?

— Non, répondit celle qu'on appelait ainsi, c'est bon pour des enfants votre mélasse ; j'aime mieux l'eau-de-vie naturelle.

— Elle acheva de boire le verre qui avait été la cause de ma disgrâce. Puis s'adressant à G..., elle reprit la conversation interrompue.

— Tu dis donc que ce moucheron d'enfant t'appartient ? Tu aurais bien dû la laisser chez toi, car les règlements sont très-durs.

G... garda le silence. Il vida lentement son

verre, et ayant, sans doute, combiné ce qu'il voulait dire, il commença ainsi :

— Je me suis marié il y a huit ans : j'aimais ma femme ; elle m'a trompé ; c'est une misérable. Elle m'a fait tant d'infamies que je me suis séparé d'elle ; mais les lois sont injustes : elles laissent les filles à la mère. Ma femme a obtenu de garder sa fille. Ma femme vit ici, à Lyon, avec son amant. Je suis venu de Paris pour lui voler mon enfant ; mon intention est de repartir demain. Mais j'avais peur que l'on me cherchât cette nuit ; j'ai pensé que je ne serais pas découvert ici : il faut donc que vous nous gardiez tous les deux.

Je poussai un long soupir ; je n'osais rien dire à la femme qui me tenait dans ses bras, mais je la regardai ; elle me comprit, me serra doucement et me fit signe de me taire.

La Louise répondit à G... qu'elle comprenait sa conduite ; que pourtant je n'avais pas l'air de l'adorer, et qu'il aurait mieux fait de me laisser.

— C'est vrai, dit G..., que l'enfant ne m'aime guère ; mais cela viendra plus tard. On lui a dit que je n'étais pas son père ; on l'a élevée à me haïr. Elle m'aimera quand elle sera plus raisonnable, et qu'elle comprendra que je l'ai sauvée de l'inconduite et du mauvais exemple de sa mère.

Je sentis comme un mouvement nerveux, que ne put réprimer la femme qui me tenait. Je la regardai ; elle me fit encore signe de me taire.

— Ah ! continua G..., si elle pouvait se sauver, elle ne manquerait pas de le faire ; aussi je ne la perdrai pas de vue.

— Comme cela te plaira, reprit la Louise, mais je ne veux pas qu'elle reste près de moi.

Ma protectrice prit alors la parole du ton le plus naturel :

— Je la garderai, si tu veux. Il est tard maintenant ; il est presque sûr que je serai seule ; j'en aurai bien soin ; je sais ce que c'est que les enfants.

Cette proposition eut l'air de sourire à la Louise.

— Cela te va-t-il ? dit-elle à G...

— Oui, pourvu qu'elle ne la laisse pas sortir.

— Sois tranquille. Elle a une fille qu'elle élève joliment, va ! Allons, ma petite, dit-elle, en se tournant vers moi, tu vas rester avec Marguerite ; ton père viendra te chercher demain.

Je me reculai. J'avais peur d'être touchée ou embrassée par cette créature.

Dès que la porte fut fermée, je dis à Marguerite :

— Ah ! madame, vous allez me conduire près de maman, n'est-ce pas ?

A ce moment, un grand bruit se fit entendre dans le coin où étaient les quatre personnes dont j'ai parlé plus haut. On se disait des injures; on était au moment de se battre. Marguerite m'emporta dans une chambre voisine et me dit :

— Maintenant, parle, mais parle bas, car ton père est à côté de nous; il n'y a qu'une cloison qui nous sépare.

Je lui racontai mon histoire de mon mieux. Je lui dis que je venais d'être enlevée, que ma mère devait être morte d'inquiétude. Je joignis mes mains, et je la suppliai d'aller prévenir maman.

Elle me coucha dans son lit, ferma sa porte à double tour et sortit.

Quand elle fut partie, je m'endormis. J'étais pourtant bien malheureuse, j'avais pourtant bien peur; mais la fatigue et la faim l'emportèrent sur mon désespoir. La faim! comme tous les enfants malheureux, j'avais formé le projet de me laisser mourir de faim, et j'avais obstinément refusé toute nourriture.

Mon sommeil était plutôt de la défaillance que du sommeil. Je n'entendis pas rentrer Marguerite. Elle dormait près de moi, quand je m'éveillai. Tout me revint en mémoire, et je lui demandai des nouvelles de ma mère.

— Je l'ai vue, me dit-elle : elle a l'air d'une bien honnête femme. Je lui ai dit où tu étais. Elle va venir, comme si quelqu'un du dehors l'avait avertie, car cet homme pourrait me battre, s'il savait que c'est moi qui suis allée la prévenir.

Nous entendîmes parler très-haut dans la salle du bas. Je jetai un grand cri ; je venais de reconnaître la voix de ma mère.

Je m'élançai vers la porte. Marguerite me retint et frappant à la cloison :

— Est-ce que vous n'entendez pas le tapage qui se fait en bas ? C'est une femme qui demande un enfant ; cela pourrait bien vous regarder. Venez chercher votre fille.

Ainsi que Marguerite l'avait bien deviné, on ne répondit pas tout de suite de la chambre voisine. Elle me poussa dans l'escalier, attendit quelques secondes, de manière à me donner de l'avance, et s'écria bien haut, pour être entendue de tout le monde.

— Ah ! bien, pendant que je vous parlais, la petite vient de se sauver.

La pauvre fille cherchait ainsi à concilier le succès de ma fuite avec la peur que lui causait la colère de G...

Je n'étais pas encore en bas que j'entendis la

porte s'ouvrir et G... s'élancer à ma poursuite. Mais, avant qu'il pût m'atteindre, j'étais près de ma mère, je la serrais dans mes bras, je buvais ses larmes.

G... se rua sur nous; mais toutes les femmes nous firent un rempart de leurs corps. Ma mère leur avait en peu de mots expliqué sa position. Sa vue seule avait dissipé les effets des mensonges de G... La vérité a une force qui éclate d'elle-même.

En voyant ces femmes disposées à nous défendre, G... sentit augmenter sa fureur.

— Je vais les tuer toutes deux ! s'écria-t-il exaspéré.

— J'ai donc bien fait d'envoyer chercher la garde? dit Marguerite, qui était entrée la dernière.

Ce mot produisit son effet. G... s'arrêta, les poings crispés, la bouche écumante; mais il s'arrêta.

Marguerite, qui avait montré pour moi, depuis la veille, autant de présence d'esprit que de bonté, ne le perdait pas de vue. Elle profita de ce moment d'hésitation, et nous fit sortir par une porte qui donnait sur la cour.

G... nous crut dans une autre salle: toutes les femmes l'entouraient, l'engageant à ne pas bouger, afin qu'on pût renvoyer la garde. Voyant qu'elle n'arrivait pas, il se rassura un peu ; croyant qu'il aurait le temps de nous emmener, il se dirigea du côté où nous étions sorties.

— Est-ce que c'est cette pauvre femme que vous cherchez encore ? lui dit Marguerite en lui montrant que la porte donnait sur la cour, et la cour sur la rue, vous ne la trouverez plus ; elle est partie avec son enfant, entendez-vous ? avec son enfant qui n'est pas le vôtre. Vous, vous n'êtes qu'un misérable ! Sortez d'ici.

Toutes les femmes se mirent après lui. G... fut obligé de quitter la place.

— Oh ! je les retrouverai, vociférait-il en s'éloignant ; elles payeront pour tout ce que vous m'avez dit et pour tout ce que vous m'avez fait.

Il était temps qu'il se sauvât. La fureur de ces femmes était portée à son comble, et elles l'auraient cruellement battu.

Leur bon cœur m'avait sauvée d'un grand danger.

III

MON BEAU-PÈRE
(Suite).

Pendant qu'on éconduisait ainsi mon cher beau-père, nous courions à perdre haleine.

Nous n'étions pas encore entrées dans la boutique que ma mère criait :

— J'ai ma fille, cachez-nous, ou nous sommes perdues.

Chacun m'embrassa ; mon chien accourut me lécher, et me fit tomber à force de caresses.

— Voyons, nous dit M. Pomerais, il s'agit maintenant de vous trouver une retraite sûre : ici, vous seriez trop exposées. Je vais vous adresser à un de mes amis qui est fabricant en gros. Je vais le faire prévenir, et cette nuit vous partirez avec la petite. D'ici là, montez dans la chambre de ma femme ; on ira tantôt chercher vos effets.

A peine étions-nous dans l'escalier, que G... arriva. On le vit passer et repasser devant la boutique.

Fatigué de ne rien voir, il entra, et demanda si on pouvait lui indiquer l'adresse d'une femme qui, d'après ce qui lui avait été assuré, travaillait dans la maison.

M. Pomerais était sur ses gardes.

— Comment appelez-vous la personne que vous cherchez, monsieur ?

— C'est ma femme, monsieur, que je cherche ; elle m'a volé ma fille, après m'avoir ruiné et indignement trompé. J'abandonnerais cette malheureuse, si j'avais mon enfant. Je ne puis vous dire sous quel nom elle est venue vivre à Lyon, car elle cache, celui que je lui ai donné, pour se soustraire à la justice et à mes recherches.

Pomerais eut envie de prendre le manche à balai et de lui faire la conduite, mais il réfléchit que, dans notre intérêt, il valait mieux dissimuler et il répondit avec calme :

— Tout cela n'est pas un nom : j'emploie cinquante ouvrières ; pourvu qu'elles soient exactes, je ne leur demande pas de détails sur leur vie privée. Beaucoup de ces femmes ont des enfants, des maris; mais je ne me mêle pas de leurs querelles de ménage, et je suis désolé de ne pouvoir vous donner les renseignements que vous me demandez.

G... se trouva fort déconcerté, d'autant plus que M. Pomerais se disposait à lui tourner les talons.

Il reprit, de cette voix douce dont je vous ai parlé :

— Ah! monsieur, que je suis malheureux! On vous a prévenu contre moi; elle vous aura trompé aussi.

M. Pomerais revint sur ses pas, craignant d'avoir été trop brusque :

— Vous êtes dans l'erreur, je ne suis nullement prévenu contre vous; je n'ai pas l'honneur de vous connaître.

— Si vous me connaissiez, monsieur, vous sauriez que j'ai raison et que je suis bien à plaindre. Je vous ai dit que je me nommais G..., que je réclamais ma femme. Si elle a changé de nom, voici son signalement. Je vous en supplie, aidez-moi à la retrouver; car, hier encore, elle était ici: c'est une femme de cinq pieds; sa taille est bien prise, sa figure est ovale, son front haut, ses cheveux noirs, fins et brillants; ses sourcils noirs, bien arqués; les yeux d'un gris bleu, beaux, mais d'une expression dure; le nez aquilin, un peu fort; la bouche grande, les lèvres minces, les dents admirables; elle est presque toujours pâle, et très-blanche de peau. Quant à sa fille, je veux dire quant à ma fille, elle a sept ans : c'est une nature précoce; elle aura le caractère de sa mère, fier, indomptable. C'est une méchante petite tête que je saurai bien réduire.

Puis, craignant de laisser apercevoir toute sa haine pour moi, il ajouta :

— Elle est si mal élevée! Tout cela changera; elle est intelligente. Enfin, vous savez, monsieur, un enfant est toujours beau pour son père.

M. Pomerais se mordit les lèvres pour ne pas répondre à G... avec le mépris que cette comédie lui inspirait.

— Je connais, en effet, monsieur, la personne que vous venez de me dépeindre. C'est une femme laborieuse et qui nous a paru honnête. Sa fille, la vôtre, est une charmante enfant. Nous avons cru sa mère veuve : elle nous a dit hier soir qu'elle quittait Lyon pour plusieurs jours, sans nous donner d'autres explications. Je ne sais donc pas où elle est allée, mais je serais enchanté de la reprendre quand elle reviendra.

Ce disant, M. Pomerais fit un salut à G... et lui tourna le dos.

G... resta quelques instants stupéfait, et comprenant qu'il n'aurait rien de cet homme, il finit par s'en aller furieux.

On vint nous prévenir de ce qui s'était passé ; ma pauvre mère était mourante de peur : ses dents claquaient ; on tâchait de la calmer.

—Oh ! ce n'est pas pour moi que je tremble, disait ma mère. Si j'étais seule, j'irais au-devant de lui. Est-ce que je crains la mort, moi? mais ma fille ! ma fille !

Et me serrant dans ses bras, elle fondait en larmes ; mon petit cœur battait fort aussi. J'aurais voulu être grande, grande comme la haine que j'avais pour cet homme.

A dix heures du soir, un apprenti vint nous dire que G... venait de quitter la porte, autour de laquelle il avait rôdé toute la journée. Il était peu probable qu'il revînt avant le lendemain.

A minuit et demi, nous partîmes, accompagnées de M. Pomerais, de deux ouvriers et du concierge. Nous étions bien gardées ; cependant la main de ma mère était glacée ; je sentais aux secousses de son bras qu'elle tremblait. Je lui disais tout ce que je pouvais pour lui donner du courage, et en essayant de la rassurer, je me rassurais moi-même. Cela commençait à venir, quand nous vîmes un homme tourner la rue que nous venions de quitter.

Quand on a peur d'être poursuivi, tous les objets semblent avoir la forme de ce qui vous effraye : les voleurs doivent prendre les bornes pour des gendarmes. Nous nous serrâmes l'une contre l'autre en jetant un cri; nos amis se rapprochèrent de nous. Une seconde s'écoula qui nous parut un siècle. Un monsieur venait de passer sans prendre garde à nous. Revenues de notre effroi, nous le regardâmes : il était tout petit, et sans exagération il avait bien deux pieds de moins que mon beau-père.

Nous allions à la Guillotière; il y avait une bonne course.

Quand nous arrivâmes, il était plus d'une heure du matin. On nous attendait, car on vint nous ouvrir tout de suite. La personne qui nous fit entrer était un homme d'une quarantaine d'années, plutôt petit que grand, plutôt gros que mince, le teint frais, l'air bien portant. Ses cheveux crépus, moitié gris, moitié châtains, lui encadraient la figure; il était comme entortillé dans une grande redingote. Je ne pus pas bien le voir dans ce premier moment, mais il me sembla qu'il avait l'air bon. Sa voix me rassura tout-à-fait.

— Vous venez bien tard, mes enfants, j'allais me coucher.

— Excuse-nous, mon cher Mathieu, dit M. Pomerais, qui était notre introducteur, mais cette pauvre femme n'osait pas sortir plus tôt, dans la crainte d'être suivie ; garde-la. Il ne faut pas qu'elle sorte de chez toi pendant quelque temps. Son gueux d'homme n'a pas d'argent ; quand il verra qu'il ne peut pas la retrouver, il repartira. Mais c'est un tartufe dont il faut bien se défier.

— Sois tranquille, répondit M. Mathieu à Pomerais, qui m'avait prise sur ses genoux pour m'embrasser, nous ferons bonne garde, et la petite ne s'ennuiera pas avec mon garçon.

— Allons, ma bonne Jeanne, du courage, disait Pomerais à ma mère, vous êtes chez de braves gens qui auront bien soin de vous et de votre fille. Nous nous reverrons bientôt. Que diable ! ne pleurez pas. Bonsoir, ma petite Céleste, je viendrai te voir.

Je tenais toujours Pomerais par le pan de son habit ; car j'avais, d'après moi, quelque chose de très-important à lui demander, et je n'avais pas encore osé. Enfin, je pris mon courage à deux mains, et je dis :

— Oui, venez me voir le plus tôt possible et ne manquez pas d'amener mon chien.

— C'est vrai, sans ton Mouton, tu ne pourras pas dormir, et tu vas faire enrager tout le monde.

Mais il faut que je me sauve, ma femme serait inquiète.

La porte se ferma sur lui. Nous traversâmes la cour, M. Mathieu nous fit monter deux étages et nous dit :

— Voilà votre chambre, vous ne serez pas grandement, mais la plus belle fille du monde ne peut donner que ce qu'elle a.

Ma mère le remercia avec effusion.

— Vous êtes trop bon, monsieur, nous serons à merveille. Il nous faut bien peu de place; mais cela va vous gêner, et je suis honteuse de l'embarras que je vous cause.

— Bah ! de l'embarras, quand il s'agit de rendre service à une femme comme vous, à une belle enfant comme votre fille, et à Pomerais mon premier ami ! C'est du plaisir que vous nous apportez. A demain; dormez bien; ma femme viendra vous éveiller. Adieu, petite !

Il ferma la porte et nous restâmes seules. J'étais fatiguée, et je m'endormis.

Quand je m'éveillai le lendemain matin, ma mère était levée : elle marchait tout doucement pour ne pas faire de bruit. Elle peignait ses cheveux; je n'en ai jamais vu à personne d'aussi beaux. Je regardai notre chambre; elle était très-gentille et très-propre. Autour de la fenêtre, qui donnait sur la cour, il y avait des fleurs grimpantes; le soleil passait au travers. Enfin cela me parut charmant. Je me sentis toute gaie.

— Oh! le gentil jardin, maman; c'est moi qui en aurai soin.

Ma mère vint m'embrasser.

— Tu es réveillée, tant mieux; on va venir nous chercher. Viens, que je t'habille.

Elle était si coquette pour moi, elle me mettait avec tant de goût, malgré la modestie de mes vêtements, que tout le monde me trouvait jolie.

En ce moment, on frappa tout doucement à la porte. Nous nous regardâmes sans bouger.

— Peut-on entrer? dit une voix douce.

— Oui, répondit ma mère.

La porte s'ouvrit, et une femme d'une trentaine d'années passa la tête.

— Je vous dérange, vous devez être bien fatiguées, nous dit-elle; mais je vais de bonne heure à l'atelier, et mon mari m'a bien recommandé de venir vous prendre pour vous mettre au courant. Voulez-vous déjeuner en bas ou dans votre chambre?

Maman lui répondit naturellement qu'elle était prête à la suivre et qu'elle ne savait comment lui exprimer sa reconnaissance.

— Oh! dit Mme Mathieu, s'il faut vous parler

franchement, c'est moins pour vous conduire à l'atelier que je viens vous chercher, que pour céder au désir de mon garçon. Hier, on lui avait annoncé une petite fille, et voilà deux heures qu'il me fait enrager.

Je regardai derrière Mme Mathieu, espérant apercevoir mon nouveau camarade. Comme il n'y était pas, je pressai maman d'achever ma toilette.

Nous descendîmes dans la salle à manger; j'y trouvai un petit garçon de mon âge, joli comme les amours. Ses cheveux étaient coupés comme les cheveux des enfants d'Édouard, longs derrière, ras sur le front, châtains et tout frisés naturellement. Il avait les plus beaux yeux du monde et un air raisonnable à mourir de rire. Il était appuyé le coude sur la table, sa tête dans ses mains. Il avait l'air de me regarder du haut de sa grandeur, ce qui me gênait beaucoup; mais, pendant le déjeuner, il me combla de caresses.

En descendant de table, nous étions si bons amis que nous nous faisions le serment de ne jamais nous séparer.

Quel charmant caractère! Comme il était bon, et moi comme j'étais despote! Il faisait toutes mes volontés, se donnait pour m'amuser un mal inimaginable et ne recevait même pas un remercîment.

Quand je ne pouvais plus le taquiner dans nos jeux, je lui disais :

— Je voudrais bien m'en aller. Je m'ennuie ici.

Il se mettait à pleurer ; ses larmes me touchaient ; je me faisais de gros reproches à moi-même, et nous étions d'accord vingt-quatre heures.

J'étais si heureuse, qu'un mois s'était écoulé comme un jour.

Un matin, M. Mathieu entra tout effaré dans l'atelier.

Il tenait une lettre à la main ; il vint près de ma mère et lui dit, en lui tendant la lettre :

— Tenez, ma pauvre Jeanne, je crois bien que cela vous concerne. On m'appelle chez le commissaire de police pour m'entendre avec M. G...

Ma mère regarda la lettre, et devint pâle comme la Mort.

— Mon Dieu ! dit-elle en fondant en larmes, que vous ai-je donc fait pour être aussi malheureuse ? Il est donc dit que tous ceux qui me viendront en aide seront tourmentés à cause de moi ?

Et comme, malgré lui, Mathieu laissait voir son inquiétude, ma mère lui dit :

— Je ne veux pas être une cause de désagrément dans cette maison ; nous partirons ce soir. Pour la justice, un mari est toujours un mari ; il peut prendre sa femme partout où il la rencontre ; abandonnez-moi à mon sort. Mais qui donc, grand Dieu ! m'aura vendue ?

— Oh ! dit Mathieu, comme vous y allez ! Il est vrai que je n'ai pu lire la lettre du commissaire sans une impression désagréable ; mais de là à vous laisser partir, il y a loin ; où iriez-vous d'abord ? et puis, nous sommes d'honnêtes gens : il ne peut rien nous arriver pour vous avoir recueillies. Vous travaillez assez pour payer ce que l'on vous avance : vous travaillez même trop ; vous vous tuerez. J'irai chez le commissaire, et, s'il faut que vous nous quittiez, nous vous trouverons une autre cachette. Je vous avancerai, si vous le voulez, de quoi vous acheter un petit ménage. Vous serez chez vous ; nous vous donnerons de l'ouvrage, et vous nous rendrez petit à petit ce que nous vous aurons avancé. Quant à Céleste, ce n'est pas sa fille, c'est la vôtre. Eh bien, nous la garderons ; mon garçon l'aime tellement, qu'il serait capable d'en faire une maladie, si on l'emmenait. Sans compter que nous l'aimons comme si c'était à nous. Du courage donc, on ne se tire pas d'affaire avec des larmes ou des paroles ; ne parlons de tout ceci à personne. Je vais sortir. Il faut prendre des précautions à l'avance. De ce pas, je cours vous chercher une petite chambre, de sorte que, si j'ai de mauvaises nouvelles, après-demain nous serons en mesure.

— Que vous êtes généreux, que je voudrais pouvoir vous prouver ma reconnaissance, mon bon monsieur Mathieu! lui dit ma mère en lui serrant les mains.

— Bah! nous en sortirons; ayez confiance en Dieu, qui n'abandonne pas les honnêtes gens; croyez aux bonnes âmes, comme ma femme et comme moi, qui aiderons la Providence à vous tirer d'embarras. Surtout, ne sortez pas, et que les enfants n'aillent pas dans la cour.

J'avais entendu toute cette conversation, et mon cœur était partagé entre deux peines, dont l'alternative me semblait inévitable : il me faudrait quitter la maison du petit Mathieu ou me séparer de ma mère. Je descendis dans le bureau où mon ami prenait sa leçon, et je lui racontai tout ce que je savais; il se mit à trépigner, criant à tue-tête :

— Je ne veux pas que tu t'en ailles ; si tu me quittes, et si tu emmènes ton chien, je n'apprendrai plus à lire.

Puis il se mit à pleurer si fort et si haut, que sa mère accourut à ses cris. La bonne Mme Mathieu ignorait la cause de tout ce chagrin; car je pleurais aussi à sanglots. Mouton s'étant mis à aboyer, c'était un bruit à entendre de la cave au grenier.

— Comment, vous n'êtes pas plus raisonnables que cela ! deux grands enfants de huit ans ! Eh bien ! c'est joli, dit Mme Mathieu, d'un air si sérieux, que je me crus une grande personne et devins toute rouge.

Le petit Mathieu ne fut pas aussi facile à consoler.

— Calme-toi, mon cher enfant, lui répétait sa mère : Céleste viendra te voir, si tu fais bien tes devoirs.

Et comme il pleurait toujours :

— Elle ne s'en ira peut-être pas d'ici ; il n'y a encore rien de décidé.

Et la bonne dame l'embrassa si tendrement, que je m'approchai d'elle pour qu'elle m'en fît autant.

— Après avoir partagé ses caresses entre nous, elle me raisonna à mon tour.

— Tu sais combien ta pauvre mère a de peine et tu ne cherches pas à la consoler. Prends garde à cela, ma petite Céleste, c'est mal, c'est d'un mauvais cœur d'augmenter les tourments de Mme Jeanne, au lieu de chercher à les adoucir.

Je promis que cela ne m'arriverait plus.

M. Mathieu rentra à quatre heures, et nous dit

qu'il avait trouvé une chambre dans la maison d'un de ses amis, M. Raoul, un *canut*, l'honnêteté et la bonté même.

Le lendemain, ma mère se leva de grand matin ; elle s'était réveillée avec de mauvais pressentiments.

— Menez-moi tout de suite chez votre ami, dit-elle à M. Mathieu : je vous laisse ma fille ; vous me l'amènerez le plus tôt possible, car je n'aurais pas de force si je ne l'avais pas près de moi.

Elle prit un châle et partit en me recommandant d'être sage, afin de ne pas ennuyer les bonnes gens qui voulaient bien me garder. J'avais envie de m'accrocher à elle et de ne pas la laisser partir sans moi ; mais on m'avait tant recommandé de lui obéir, que j'étouffai mon chagrin.

Mathieu la conduisit chez son ami, j'attendis son retour avec impatience. Quand je le vis rentrer, je courus au-devant de lui. Il me prit dans ses bras, et, m'approchant de la croisée, il souleva le coin du rideau, et me dit :

— Céleste est-ce que cet homme qui est là n'est pas ton beau-père ?

J'étais si troublée, que je ne pus répondre de suite : je regardais sans voir. Je serrai Mathieu dans mes bras.

— Où est maman ? a-t-il vu maman ?

— Non, il ne l'a pas vue, heureusement, mais il s'en est fallu de peu. Elle a eu un bon pressentiment, en me priant de la conduire ce matin; car je ne comptais la faire partir que ce soir. Le portier m'a dit, à mon retour, qu'il était venu un homme lui faire un tas de questions. Il me l'a montré. Tiens, c'est celui qui est là encore devant la maison.

Je regardai, et je reconnus G... Ma mère étant en lieu de sûreté, nous n'avions pas pour le moment à nous inquiéter de sa présence; cependant je passai une mauvaise nuit. Il me semblait voir G... sortir de tous les meubles, apparaître à l'angle de tous les murs.

Je me levai bien fatiguée! M. Mathieu partit à dix heures pour se rendre chez le commissaire de police. Il trouva G... dans son cabinet, et passant devant lui sans le regarder, il s'adressa au commissaire de police :

— Voulez-vous, monsieur, avoir la bonté de me dire ce qu'on me veut? Je suis dans le commerce: j'ai soixante personnes, tant ouvriers qu'ouvrières, à surveiller; si chacun dans mon atelier perd une demi-heure, c'est trente heures de perdues pour moi.

— Je comprends cela. Voici ce que l'on vous reproche; le sieur G..., ici présent, vous accuse de cacher chez vous sa femme et sa fille. Il paraît que sa femme a une mauvaise conduite; aussi n'est-ce pas elle qu'il regrette; mais il veut reprendre sa fille. Qu'avez-vous à dire?

Mathieu regarda G... du haut en bas; puis, se tournant vers le commissaire :

— Vous me connaissez, dit-il, et j'espère que c'est sous de bons rapports; je vous donne ma parole d'honnête homme que monsieur est un misérable, qui bat cette malheureuse femme et ce malheureux enfant. C'est un mange-tout, un fainéant; il ne veut retrouver sa femme que pour la maltraiter et lui prendre ce qu'elle a pu gagner depuis qu'elle l'a quitté. Hier, quand elle a su que vous m'aviez écrit, se doutant bien que c'était à cause de lui, elle s'est sauvée en me laissant l'acte de naissance de sa fille; le voici. Vous pouvez voir qu'il vous trompe, et que cette enfant n'est pas à lui. Il n'est que son beau-père. Quant à sa femme, c'est la plus laborieuse des femmes, rangée, économe, digne d'intérêt sous tous les rapports. Mme Mathieu dit qu'elle ne connaît pas d'ouvrière plus adroite.

— Eh bien, monsieur, dit le commissaire de police en regardant G..., qu'avez-vous à répondre?

G... ne se déconcerta pas.

— J'ai à répondre que cet homme est l'amant de ma femme ; voilà pourquoi il en dit tant de bien. S'il a eu l'adresse de vous parler de sa femme à lui, c'est pour détruire vos soupçons.

Le commissaire fronça le sourcil, et regardant G... sévèrement :

— Prenez garde ; quand on dit de pareilles choses, il faut pouvoir les prouver.

Puis, se tournant vers Mathieu, qui haussait les épaules avec un air de pitié qui porta la conviction dans le cœur du magistrat :

— Vous dites donc que cette femme n'est plus chez vous ; et son enfant, l'a-t-elle emmenée ?

Mathieu hésita ; mais il ne savait pas mentir, et il répondit d'une voix ferme :

— J'ai l'enfant chez moi.

G... se pinça les lèvres.

Le commissaire lui dit :

— Vous entendez, monsieur, votre femme est partie ; quant à l'enfant, elle ne vous appartient pas. Je vous engage à les laisser tranquilles toutes le deux.

Mathieu partit triomphant ; mais il lut sur la figure de G... un sourire sinistre. Aussi, se promit-il de redoubler de précaution pour cacher la retraite de ma mère.

Quand il alla la voir dans la soirée, il fit mille détours, car il avait retrouvé G... aux aguets.

Ma mère ne pouvait s'habituer à l'idée d'être privée de moi; elle voulait venir me chercher; Mathieu eut toutes les peines du monde à la calmer.

— Voyons, ma chère amie, donnez-moi trois jours; dans trois jours, je vous jure que vous aurez votre fille; mais il ne faut pas faire d'imprudence. Pour le lasser, je ne viendrai pas demain. S'il me suit, quand je reviendrai, je le ferai promener; aujourd'hui, je l'ai perdu à la porte d'une maison qui a deux entrées.

J'eus le cœur bien gros pendant toute la journée du lendemain. Mon petit Mathieu alla se promener avec son père. Ils virent G... chez un liquoriste, presque en face de la maison que nous habitions. Aussitôt que G... les aperçut, il paya sa dépense et les suivit pendant deux heures jusqu'à leur retour.

Le lendemain, même promenade. Mathieu et son fils entrèrent dans une maison à deux sorties, restèrent une demi-heure dans l'escalier, et repartirent devant G...

Le troisième jour, après le dîner, Mathieu dit à sa femme:

— Allons, il faut habiller Céleste. Je suis sûr

que sa mère est comme une folle. Si nous tardons davantage, elle fera quelque coup de tête.

— Ah ! je serais bien comme elle, dit Mme Mathieu. Dieu veuille qu'il ne vous arrive rien ! Le petit est couché, il doit déjà dormir. Viens, Céleste.

Et, me prenant par la main, elle me conduisit dans sa chambre, ouvrit le cabinet où dormait son fils, et revint avec tous ses effets sous le bras. Je regardais sans comprendre.

— Viens, que je dégrafe ta robe, tu vas aller voir ta mère.

Je devinai qu'il s'agissait de me déguiser. Je me déshabillai si vite, que j'arrachai tout. Je n'avais pas vu ma mère depuis deux jours, et je l'adorais. Les vêtements de mon petit Mathieu m'allaient à merveille. Le père Mathieu vint voir si j'étais prête. Je lui sautai au cou.

— Dis-moi donc, femme, mets-lui donc le petit carrik des dimanches. — Il ne fait pas chaud ; entre-lui bien la casquette sur les yeux. Est-elle gentille comme cela ! Pierre va venir avec nous. Tu lui donneras la main d'un côté, ma petite Céleste ; tu me la donneras de l'autre. Il n'y pas de danger, et cependant ne parle pas ; quelque chose qui arrive, ne crie pas.

Pierre, le domestique, entra à ce moment. Il venait nous dire que G... était à son poste.

— Allons, dit Mathieu, il le faut. Il prit son paletot, et nous partîmes tous trois. Mes jambes tremblaient ; je serais tombée, si je n'avais pas été soutenue par M. Mathieu et par Pierre.

G... nous suivait. Un moment, il s'approcha tellement de nous que je crus qu'il m'avait reconnue. Mais il s'éloigna, et voyant que nous prenions la même direction que M. Mathieu et son fils avaient suivie la veille, il nous quitta.

Nous arrivâmes à la maison qu'habitait ma mère. Soit fatigue, joie de songer que j'allais revoir maman, ou souvenir de la peur que j'avais eue de G..., je ne pus monter l'escalier, et je tombai à genoux sur la première marche.

Mathieu me prit dans ses bras. Nous vîmes une lumière en haut de la rampe, et nous entendîmes la voix de ma mère.

— Est-ce vous, Mathieu?

— Oui.

— Ah! Dieu soit loué! J'allais partir.

Et, en effet, nous la trouvâmes tout habillée.

En nous voyant paraître, elle jeta un grand cri:

— Oh! ce n'est pas ma fille ; on vous l'aura volée. Et, se jetant presque sur nous : — Venez, dit-elle, je la retrouverai.

Je courus après elle, et je lui dit tout effrayée:

— Tu ne veux donc pas m'embrasser, maman?

Elle reconnut ma voix, m'enleva dans ses bras, et faillit m'étouffer de caresses.

— Pardon, dit-elle à Mathieu, en lui tendant la main, j'étais folle. Mais j'ai tant souffert de la crainte de ne plus la revoir, qu'il faut avoir pour moi un peu d'indulgence.

Le bon Mathieu riait de tout son cœur.

— Allons, allons, calmez-vous. Notre stratagème réussi. Mais j'aime mieux que cela soit fait que si c'était encore à faire. J'enverrai chercher les effets du petit. C'est lui qui va nous en faire voir des dures, demain, quand il saura que sa petite femme n'est plus à la maison. A revoir! Ne vous tourmentez pas, je reviendrai le plus tôt possible et je donnerai votre adresse à Pomerais.

J'étais réunie à maman, nous avions réussi une fois encore à échapper aux poursuites de G...; mais ce ne devait pas être pour bien longtemps.

IV

L'INSURRECTION DE LYON.

Le logement que Mathieu nous avait loué se composait d'un cabinet et d'une grande chambre avec deux croisées donnant sur le quai. La vue était superbe. On voyait une quantité innombrable de bateaux descendre et monter le Rhône. En face de nos fenêtres il y avait un grand pont, et, à chaque bout du pont, deux tours servant aux bureaux de l'octroi. Tout cela formait un tableau si animé, si vivant, que l'on serait resté volontiers toute la journée à le regarder.

Le cabinet pouvait servir à mettre un lit ; mais

il n'était pas permis d'y travailler, à cause du manque de jour, ce cabinet n'étant éclairé que par une petite cour intérieure. Les papiers étaient propres, les carreaux du sol bien rouges. Mais notre mobilier était plus que chétif; il consistait en un petit lit de sangle, deux chaises et une table qu'on avait prêtés à ma mère. Mathieu lui avait promis de lui envoyer les meubles qui lui étaient nécessaires. Il tint exactement sa parole.

Deux jours, après on nous amena dans une charrette à bras tout un mobilier en noyer : lit, commode, chaises, table, glace. Nous allions avoir un véritable palais. On mit le lit de sangle dans le cabinet et ce fut ma chambre. La bonne Mme Mathieu n'avait rien oublié; elle nous avait envoyé des draps, des serviettes. Jamais nous n'avions été si riches.

L'amour de la propriété est un sentiment tellement naturel, tellement fort chez tout le monde, que nous passâmes la journée la plus heureuse à mettre tout en place.

Le soir venu, nous allâmes passer quelques instants chez notre voisin, M. Raoul. En entrant chez lui, on était étourdi par le bruit régulier de quatre métiers à la Jacquard qui marchaient tous ensemble et pas en mesure. M. et Mme Raoul étaient d'excellentes gens, mais si lourds, si épais d'esprit, qu'à peine arrivée le soir dans la salle où nous nous réunissions, je m'endormais d'un profond sommeil. Comme je regrettais alors mon ami et ma victime, le petit Mathieu! Il venait me voir quelquefois. Si rares que fussent ses visites, elles me rendaient bien heureuse.

On n'avait plus revu mon beau-père. Il y avait tout lieu de croire qu'il était reparti; cependant nous nous tenions toujours sur nos gardes, et nous mettions dans toutes nos démarches la plus grande prudence. Ma mère travaillait comme un cheval et passait presque toutes les nuits.

Il y avait deux mois que nous étions dans notre nouvelle retraite, sans que rien fût venu nous troubler.

Les canuts emploient des enfants pour attacher les fils de leur canette. Ces enfants, qui ont en général dix ou douze ans, gagnent dix sous par jour.

A force de regarder faire, j'avais appris. J'y mettais tant de persistance que M. Raoul s'en aperçut et dit à ma mère :

— Si vous voulez, je prendrai Céleste comme attacheuse; elle gagnera de l'argent, cela vous aidera toujours un peu. Je la mettrai à mon métier; elle ne se fatiguera pas.

Ma mère hésitait; mais je la priai tant, qu'elle

consentit. Elle apportait son ouvrage et travaillait près de moi.

Au bout de quinze jours, on m'acheta une jolie robe avec mon argent, et nous allâmes voir Mathieu.

Vous dire à quel point j'étais fière serait impossible. J'étais une grande personne, puisque je gagnais ma vie. Cette robe, c'est moi qui l'avais achetée. Je fis tant de manières avec mon pauvre petit ami que la journée se passa sans jouer. On vint nous reconduire.

Quand je fus à la porte, je commençai à regretter le temps que j'avais perdu. Le petit Mathieu me recommanda de ne plus mettre ma belle robe, me disant qu'il préférait me prêter une seconde fois ses effets.

Le lendemain, de bonne heure, je fus à l'ouvrage. Ma mère travaillait près de moi et de M. Raoul. Il me semble voir encore ce dernier relever ses lunettes sur son front ; il me semble l'entendre encore dire :

— Savez-vous, ma chère amie, que c'est une existence bien triste que la vôtre. Vivre seule à votre âge ; travailler toujours, sans fêtes ni dimanches. Vous auriez peut-être dû essayer encore une fois de votre mari ; les hommes changent, les plus mauvais deviennent bons.

— Pourquoi me dites-vous cela, monsieur Raoul? répondit ma mère d'un air stupéfait.

— Dame, mon enfant, c'est que moi aussi, étant jeune, j'avais un grand défaut, et vous voyez cependant qu'aujourd'hui je suis très-heureux dans mon ménage.

— Si vous connaissiez mon mari, dit ma mère, vous comprendriez qu'il n'y a pas de ressource avec lui.

Ma mère n'aimait pas à dire du mal de son mari; elle ne parlait de ses souffrances qu'à la dernière extrémité. Elle disait bien: Je suis malheureuse; mon mari me maltraite, il bat ma fille; mais elle ne donnait pas de détails. Le brave M. Raoul n'avait pas vu dans ces reproches généraux des motifs assez graves pour se séparer.

— Voyons, dit-il à ma mère, je ne veux pas vous effrayer, mais il faut que je vous dise ce qui s'est passé hier. Vous veniez à peine de sortir, qu'un homme de bonne mine, bien mis, a demandé à me parler à moi seul. Ne sachant ce que cela voulait dire, je l'ai fait entrer dans ma chambre.

« Monsieur, m'a dit cet homme, que mon nom ne vous effraye pas; j'ai eu de grands torts, mais à tout péché miséricorde. Je me nomme G... Ma femme demeure ici, dans un logement que vous lui louez. Vous voyez que je suis bien instruit, et que si je voulais lui faire du mal, comme elle vous a dit sans doute que c'était mon intention, j'irais droit à elle; cela pourrait lui faire peur. Je ne le veux pas. Je suis venu à vous, qui êtes un honnête homme, pour que vous m'aidiez à obtenir mon pardon. J'ai été injuste, violent; je le regrette et je vous jure de ne plus recommencer. Dites à ma femme d'essayer encore une fois de vivre avec moi. Nous demeurerons dans cette maison; vous serez juge de ma conduite. Croyez-moi, monsieur, je suis sincère. » Et en me parlant ainsi il avait des larmes dans les yeux.

Je lui ai répondu que je ne pouvais rien sur vous, mais je n'ai pas osé dire que je ne vous connaissais pas; il savait tout. Je lui demandai comment il avait su votre adresse.

« La première fois, me dit-il, j'ai envoyé un commissionnaire avec une lettre pour ma femme. Après quelque hésitation on a donné l'adresse de Mathieu. Je l'ai fait demander chez le commissaire, mais j'ai vu que je ne pouvais rien obtenir par la force. Je trouvai des travaux à quelques lieues d'ici; comme je n'avais pas d'argent, j'acceptai. Je demandai et obtins un bon prix pour monter des mécaniques. Je suis de retour depuis deux jours. J'ai envoyé la femme d'un de mes amis chez M. Mathieu; elle a dit que j'étais parti et qu'elle désirait savoir l'adresse de Jeanne pour lui annoncer cette bonne nouvelle. Pierre, le domestique, a donné votre adresse. J'ai gagné huit cents francs en six semaines. Je vous les confie; c'est pour ma femme. Vous les lui ferez accepter, car je sais qu'elle a beaucoup de mal. »

Je lui ai dit que je ne pouvais pas prendre son argent, mais que je me chargeais de faire sa commission.

Ma mère avait écouté Raoul sans respirer.

— Allons, dit-elle, je suis perdue. Où vais-je me sauver maintenant?

Il y avait un si grand désespoir dans ces quelques mots et dans le ton dont ils furent prononcés, que M. Raoul fut effrayé.

— Que parlez-vous, ma chère, de vous sauver? Vous ne pouvez abandonner toutes vos affaires. Que risquez-vous d'essayer? Il ne vous tuera pas devant moi. Nous sommes porte à porte; quand on parle haut chez vous, j'entends. Avec cet argent qu'il vous offre, vous payerez ce que vous devez encore sur vos meubles; vous en garderez une partie en cas de besoin ou de malheur.

Ma mère poussa un cri plutôt qu'un soupir.

— Vous ne voyez donc pas, s'écriait-elle hors d'elle-même, que l'idée de revoir cet homme me rend folle, que s'il entre dans ma chambre je me jetterai par la fenêtre.

M. Raoul prit un air sérieux, presque dur, et lui dit :

— Vous trouvez là un joli moyen d'arranger les choses ! Et votre fille, madame, la jetterez-vous aussi par la fenêtre?

Ma mère se laissa tomber sur sa chaise, en se tordant les bras. Je courus près d'elle. Je ne pouvais rien dire à cette grande douleur. Elle suffoquait. Enfin les larmes lui vinrent avec abondance, et elle dit en joignant les mains :

— Mon Dieu ! mon Dieu ! vous m'abandonnez !

Je fis un grand effort, car j'avais plus peur qu'elle, et je lui dis en l'embrassant :

— Puisqu'il assure qu'il ne nous fera plus de mal, essaye, maman; ici nous ne courons aucun danger.

Elle secoua tristement la tête et demanda à M. Raoul :

— A quelle heure doit-il venir ?

Midi sonnait.

— Tout-à-l'heure.

— Je le verrai ici, devant vous.

Elle se leva, sortit cinq minutes et revint avec un rouleau de papier à la main.

— Tenez, dit-elle à M. Raoul, lisez cela et vous connaîtrez l'homme qui vous intéressait hier, et que vous allez entendre mentir encore.

Le papier qu'elle lui remit était la copie de la demande qu'elle avait formée à Paris pour tâcher d'obtenir sa séparation de corps.

Raoul, après cette lecture, baissa la tête, remit les papiers à ma mère et lui demanda pardon d'avoir douté de son courage et de son dévouement pour moi.

On vint le prévenir qu'on l'attendait dans la chambre voisine; il fit signe à ma mère de l'accompagner. Elle le suivit en se tenant à chaque meuble. Arrivée à la porte, elle se redressa comme poussée par un ressort. G... tenait son chapeau à la main.

Il tournait le dos à la croisée. Il fit un mouvement pour me prendre; ma mère se plaça entre nous deux et lui dit:

— Que me voulez-vous?

— Mais, dit-il, un peu décontenancé par cette demande, je veux faire la paix avec toi; je veux que tu oublies le passé. Je te rendrai heureuse; je te le jure devant monsieur. Tu verras comme je te dédommagerai de tout ce que tu as souffert. Viens m'embrasser, Céleste, viens!

Il va sans dire que je ne fis pas un mouvement. Ma mère réfléchit, puis, comme si elle venait de prendre un parti, elle se pencha vers moi.

— Va, Céleste, murmura-t-elle, va embrasser ton beau-père.

Elle avait compris qu'elle ne pouvait faire autrement : G... la tenait ; que si elle lui arrachait son masque de bonhomie, il allait redevenir lui-même, et que mieux valait encore avoir l'air de le croire. Puis, me poussant vers lui, elle me dit :

— Va donc, il ne te fera rien. Voyez, monsieur Raoul, ma fille ne peut vaincre sa frayeur, c'est que lorsqu'il l'appelait, sous prétexte de l'embrasser ou de lui donner quelque chose, il lui donnait des coups de pied dans les os des jambes au point qu'elle en avait des marques noires comme de l'encre. Ou bien il lui tirait ses nattes si fort que, quand je la peignais, ses cheveux me restaient à poignées dans les mains. Si elle pleurait, et que j'eusse l'audace de la défendre, il me maltraitait. « Tu aimes mieux, me disait-il, ta bâtarde que moi ; je la tuerai : je sais donner des coups qui ne se voient pas. » Vous comprenez, n'est-ce pas ? que cette enfant ait peur.

G... ne répondit rien, mais il grimaça un sourire qui cachait l'intention d'une morsure. Raoul le regarda tout ému. Il avait l'air de lui dire : Est-ce possible ?

— Tu exagères, Jeanne, dit G... à ma mère, mais je te ferai tout oublier.

Le lendemain, il était installé dans notre chambre. Nous n'eûmes à nous plaindre d'aucun mauvais procédé. Il faisait semblant d'être heureux. Il avait apporté des malles qui nous gênaient. M. Raoul nous donna un grenier, dont la porte était en face de la nôtre sur le carré. Ce grenier formait la pente du toit.

La maison n'avait que deux étages, et nous étions au second.

G... ne restait guère à la maison. Il avait toujours de l'argent, quoiqu'il en eût donné à ma mère, qui l'avait caché pour nous sauver quand le moment serait arrivé.

Il était venu plusieurs hommes pour le voir. Ma mère le pria de recevoir ses amis ailleurs, parce que cela la dérangeait de son ouvrage. Ses sorties devenaient chaque jour plus fréquentes ; il ne rentrait plus que bien rarement coucher à la maison. Ma mère en conçut des inquiétudes, non pas à cause de lui, mais à cause des conséquences que sa conduite pouvait entraîner pour nous-mêmes. Elle crut devoir prévenir M. Raoul.

— G... ne travaille pas ; il a de l'argent ; il reçoit des gens de mauvaise mine : je crains qu'il ne commette quelque méchante action et qu'il ne nous compromette. Vous devriez le faire suivre.

Peut être, en toute autre circonstance, M. Raoul aurait-il attaché moins d'importance aux pressentiments de ma mère ; mais nous étions, sans nous en douter, à la veille d'un drame terrible. L'insurrection de Lyon commençait à montrer son ombre menaçante.

M. Raoul, naturellement beaucoup plus au courant des affaires que nous, en apercevait depuis quelque temps déjà les signes précurseurs. Il s'inquiéta, prit des renseignements. Il apprit que G... faisait sa société de tous les hommes suspects à la police ; qu'il allait dans des réunions où s'agitaient les passions les plus violentes. La politique nous était égale, et je n'ai pas la prétention, vous le comprenez bien, de juger les événements auxquels j'ai assisté ; mais, ce que je puis dire, c'est que les révolutions ont un côté bien horrible, et que j'ai gardé une impression affreuse de tout ce que vis alors. Le commerce s'arrêta ; des groupes commençaient à se former dans les rues ; les ouvriers se révoltaient ; des hommes hideux, qui semblaient échappés du bagne, se mêlaient à leurs attroupements. J'entendais en tremblant, dans le quartier que nous habitions, proférer des menaces de mort et des projets d'incendie.

Un jour, G... rentra avec un air menaçant et comme un homme qui n'avait plus besoin de composer son visage; il nous déclara qu'il avait des amis à recevoir, et nous commanda de lui céder la place. Ma mère répondit qu'elle ne voulait pas se compromettre; qu'il allât ailleurs. G... serra les poings de rage :

— Je vais revenir à midi; tâchez de ne pas être ici, ou je vous écrase toutes deux.

Puis ouvrant les fenêtres avec fracas, il ajouta :

— Regarde, Jeanne, tout ce monde sur' les quais; c'est une révolution qui commence. Dans trois jours, je pourrai te tuer sans que personne me demande compte de ta vie. En faisant les affaires des autres, je veux faire les miennes. Ton ami Raoul, ton amant sans doute, sera pendu à cette fenêtre et saigné comme un cochon. Les riches vont la danser. Imbéciles! qui nous donnent de l'argent pour les servir! nous ne les servirons plus et nous aurons leur argent; nous démolirons leurs hôtels pour trouver leurs coffres-forts.

Puis, obéissant à d'autres impressions, avec la mobilité et la lâcheté qui étaient au fond de son caractère :

— On joue gros, continua-t-il, comme en se parlant à lui-même.

A ce moment, il était occupé à renouer sa cravate, et se regardait dans la glace :

— Ce serait dommage si un beau col comme cela allait glisser sur l'échafaud ! Mais il n'y a pas de danger; je suis prudent. Tu vois que je sais attendre, dit-il à ma mère, en avançant sur elle et en la regardant d'une façon si étrange, que cette parole semblait la plus terrible des menaces.

Je courus près de ma mère. Il se rua sur moi, furieux, me prit par le bras en serrant si fort que je crus qu'il me le cassait, et me lança à travers la chambre. J'allai tomber étourdie à la porte du cabinet où je couchais. Ma pauvre mère se redressa comme une lionne blessée :

— Lâche ! misérable ! s'écria-t-elle.

Mais lui, saisissant la pauvre femme par le corps, l'appuya sur la table, lui prit les mains et lui dit en lui brisant les poignets :

— Tais-toi, ou je t'étrangle !

La douleur et la peur la firent taire. Il l'attira en avant, la fit tomber lourdement sur les genoux et sortit en répétant :

— Je veux cette chambre à midi.

Dès que la porte fut fermée, ma mère se traîna jusqu'à moi. Je pleurais tout bas. Elle regarda mon bras; le sang était extravasé et faisait une tache bleuâtre.

— Le monstre! le monstre! criait-elle. Qui donc me délivrera de cet assassin de femme et d'enfant?

Elle me prit dans ses bras pour me relever de terre où j'étais restée.

— Voyons, où as-tu mal?

Je montrai ma hanche et mon genou. Ces deux parties avaient porté sur les carreaux et étaient toutes meurtries. Cela était si douloureux que je ne pus me tenir debout. Je vous l'ai déjà dit, la peur me rendait idiote, et je ne pouvais parler. Ma mère me dit :

— Je vais te coucher.

Je lui fis signe que oui. Une fois au lit, elle me mit des compresses d'eau et de sel, et descendit chez un pharmacien chercher du vulnéraire. Le temps s'écoulait et, tout occupée de moi, elle ne pensait pas à partir. On entendait un bruit sourd sur le quai.

— Oh! dit ma mère en regardant par la fenêtre, ce misérable avait raison; il va se passer quelque chose d'extraordinaire : tout lui sera permis. Tant mieux! qu'il me tue! La mort est préférable aux souffrances que j'endure.

Elle revint à moi; j'avais la fièvre, je demandai à boire.

Ma mère n'avait pas de sucre, elle descendit de nouveau. Elle aperçut G... qui causait dans un groupe à quelques pas de la maison.

Elle remonta éperdue.

— Que faire? disait-elle.

Je fermai les yeux.

— Mon Dieu! aller chez Raoul! c'est l'exposer. Et ma fille; dans cet état, je ne puis l'emporter. Mon Dieu! que faire? S'il nous trouve... Ah!

Et courant à sa table, elle prit un couteau...

— S'il touche à mon enfant, je le tuerai.

Puis, revenant à moi, elle reprit :

— Non, non! je suis folle. C'est moi qui serai tuée ; et toi, Céleste! que deviendras-tu?

Elle écoutait. Je la vis courir à la porte :

— Il est trop tard, les voilà!

Elle se précipita dans mon cabinet, ferma la porte, après avoir retiré la clef, se pencha sur mon lit, me mit la main sur la bouche, et les lèvres collées à mon oreille, me dit d'une voix suppliante :

— Tais-toi, tais-toi...

La porte d'entrée s'ouvrit et se ferma. Nous entendîmes les pas de plusieurs hommes dans la chambre.

— Nous n'y sommes pas tous, dit mon beau-père.

— Non, répondit une voix; les autres vont venir. Nous n'avons pas voulu monter ensemble, de peur qu'on nous remarquât en bas. Le richard du premier craint toujours pour ses écus. Il guette tout ce qui sort de la maison. Je ne serais pas fâché qu'on lui tordît le cou à celui-là; j'ai une fameuse dent contre lui, et puis il y a assez longtemps qu'il...

On frappa à la porte : la voix s'arrêta. Les nouveaux venus causaient à demi-voix, car on n'entendait qu'un bruit confus. Ils devaient être huit à dix.

Peu à peu, la discussion s'animant, le bruit devint plus distinct.

Nous écoutions, ma mère et moi, avec toute la lucidité de la peur, et nous ne tardâmes pas à comprendre avec horreur, que ce qui se complotait dans la chambre voisine, entre mon beau-père et ses dignes acolytes, c'était le projet de quelque détestable action.

— C'est impossible, disait G...; on ne peut faire cela, sans être bien sûr, et si, pendant qu'on est là-bas, cela ne chauffe pas ici, nous serons tous infailliblement arrêtés. Il faut commencer ici d'abord.

Une autre voix lui coupa la parole.

— Allons donc, tu as peur de tout...; qui ne risque rien n'a rien. Quand le branle sera donné ici, cela ne vaudra plus rien là-bas. Il faut effaroucher la poule pour prendre les œufs.

— Mais êtes-vous bien sûr, dit G... d'une voix radoucie, que la chose en vaille la peine, et qu'il y ait autant d'argent qu'on vous l'a dit?

— Plutôt plus que moins, dit une autre voix.

— A quand l'affaire?

— A demain.

— Combien de temps serons-nous? dit G..., qui paraissait toujours inquiet.

— Six heures à peine. C'est à trois lieues; nous partirons de grand matin.

La conversation devint de nouveau confuse. Quelques-uns de ceux qui étaient dans la chambre se retirèrent.

— Adieu, à demain soir. Bonne chance! C'est bien le diable si, dans tout ce que nous voulons faire, il ne se rencontre pas une bonne aubaine.

La porte se referma. Quand les pas se furent éloignés, G... dit aux hommes qui restaient:

— Il faut surveiller Antoine : il nous exposera peut-être bien pour rien. Je le trouve trop fin ; il n'est pas Normand pour la gloire.

— Allons, bon, répondaient les autres. Vous

vous soupçonnez tous les deux. Lui, disait hier que tu étais Lorrain, et qu'il ne fallait pas se confier à toi.

G... garda le silence. Une voix près de la fenêtre dit :

— La place est bonne ici : on verra bien et on pourra aider.

— A votre service, dit G...

Tout le monde se trouvant alors près de la fenêtre, ou parlant plus bas, nous n'entendîmes plus. Puis, les mots, adieu, à demain, arrivèrent de nouveau à notre oreille.

Ma mère éloigna sa figure, qui était restée contre la mienne, et soupira.

— Partis, ils sont partis !

Je sentis, à la crainte que j'avais encore, qu'elle se trompait, et je lui fis signe, en joignant les mains, d'attendre ; ce qu'elle fit, retenant sa respiration.

Au bout de quelques minutes, nous entendîmes quelqu'un marcher, ouvrir les meubles, fermer la croisée, et sortir en prenant la précaution de tourner la clef dans la serrure.

Ma mère ouvrit notre cabinet et me dit :

— Nous sommes enfermées, comment faire ?...

Elle réfléchit, puis frappa au mur de M. Raoul. Ce dernier vint à notre porte. Nous lui dîmes que nous étions enfermées, et nous le priâmes de courir chercher un serrurier.

— C'est inutile, dit Mme Raoul, qui avait suivi son mari, et qui montait les dernières marches de l'escalier ; voici la clef : on vient de me la donner en bas. J'ai rencontré M. G..., qui sortait. Il m'a demandé si sa femme était chez nous. Je lui ai répondu que je n'en savais rien, que j'étais absente depuis deux heures. Il m'a priée de vous remettre la clef, qu'il avait emportée par oubli.

M. et Mme Raoul entrèrent tous deux dans notre chambre. Ma mère raconta tout ce qu'elle avait entendu.

— Oui, dit-elle, ils vont aller piller, commettre un plus grand crime peut-être. Il faut tâcher de prévenir ces malheureux, dont la demeure est menacée.

— Mais savez-vous leur nom et leur adresse !

— Hélas ! non.

— Que voulez-vous faire, alors ?

— Ce que je veux faire, je n'en sais rien ; mais je deviendrai folle, si cela continue.

M. Raoul l'engagea à se calmer.

— Que pourriez-vous révéler ? Vous ne savez pas leurs secrets. Vous vous compromettriez sans être utile à personne. Et puis, à qui s'adresser en ce moment où toutes les autorités sont menacées?

Maman passa la nuit près de moi. G... ne rentra pas.

Le lendemain, le ciel était noir, le jour sombre ; un épouvantable orage fondit sur la ville.

Vers les quatre heures, un bruit de pas pressés se fit entendre dans les escaliers. G... rentra, pâle, l'œil sinistre, les habits en désordre, sa cravate à moitié détachée. La sueur lui coulait des deux côtés du front.

— Cache cela, dit-il à ma mère, je le veux.

Et il jeta sur la table un sac d'argent, par terre un paquet. Se retournant vers la porte, il dit à deux autres hommes qui l'avaient suivi :

— Entrez avec vos malles ; il n'y a que ma femme, j'en réponds.

Ma mère regardait cette scène sans bouger, presque sans répondre.

— Voyons, dit G..., ouvrons les paquets qu'on nous a donnés.

Il en retira des robes de soie, du linge, des dentelles, quelques bijoux.

— Ces chiffons-là ne valent rien, dit-il ; ce sera pour ma fille.

Ma mère repoussa du pied le présent et les

robes. Après avoir rangé son butin, G... repartit sans dire un mot.

Ma mère demeura quelques minutes pensive; puis, me prenant dans ses bras, elle me dit :

— Allons chez Raoul; il m'est venu une idée, qui pourra nous délivrer, pour quelque temps au moins, de la présence odieuse de cet homme.

Elle causa très-longtemps avec Raoul, qui se leva en disant :

— Très-bien, j'ai compris; vous pouvez compter sur moi.

Le lendemain, de grand matin, un homme frappait à notre porte. G... sauta en bas du lit. Comme tous ceux qui ont commis de mauvaises actions, G... avait peur, et vint se cacher dans mon cabinet. Le nouveau venu demanda très-haut :

— Vous êtes madame G...?

— Oui, monsieur.

— Où est votre mari? nous avons besoin de lui parler.

— Il n'y est pas, monsieur; mais, si vous voulez me laissez votre nom, je pourrai lui dire que vous êtes venu.

— Non, répondit l'homme, nous allons attendre en bas qu'il rentre. Il était un de ceux qui ont pillé au château de ***. Avez-vous ici quelque chose provenant de ce vol?

— Non, dit ma mère d'une voix ferme.

— Prenez garde; cacher la vérité, ce serait vous rendre complice. Adieu, madame.

Et il redescendit.

G... sortit du cabinet, la figure décomposée par la peur. S'il avait eu son sang-froid, il se serait demandé comment on n'était pas entré tout de suite dans sa cachette; mais les remords et la peur ne raisonnent pas.

— Oh! Jeanne, ma bonne Jeanne, tu m'as sauvé! dit G..., qui était devenu presque tendre.

— Oui, pour une heure, peut-être; mais les agents vont revenir ici : ils vont faire perquisition. Vous n'avez qu'une seule ressource, c'est de vous sauver la nuit prochaine. Jusque-là, il s'agit de vous cacher. Il y a un grenier sur le carré, mettez-y toutes vos affaires.

G... ne se le fit pas dire deux fois.

Une heure plus tard, il vint cinq hommes qui firent beaucoup de bruit. G..., caché dans son grenier, ne perdit pas un mot de la conversation.

— Votre mari est-il de retour? demanda l'homme qui était venu le matin.

— Non, répondit maman.

— J'en suis bien fâché, madame, mais nous ne pouvons nous en rapporter à vous ; il faut que nous voyions par nous-mêmes.

Cela dit, deux hommes entrèrent dans la chambre, dans le cabinet, et firent semblant de fouiller partout.

— Rien, dirent-ils en sortant ; mais il ne nous échappera pas ; il est vendu par un de ses complices. Quant à vous, madame, nous ne voulons pas vous faire de peine, car nous savons, par M. Raoul, que vous êtes une digne femme et la première victime de ce misérable.

Ils partirent.

G... était plus mort que vif. Ma mère eut toutes les peines du monde à le faire sortir de son grenier.

— Allons, allons, lui dit-elle, vous voyez bien que vous êtes perdu, si vous ne fuyez bien loin. Il ne faut pas perdre de temps. Profitez de ce qu'on ne vous croit pas ici. Vous avez de l'argent, partez.

— Je veux que tu viennes avec moi.

Ma mère le regarda d'un air qui voulait dire : « Je veux est de trop. »

A minuit, G... partit.

Raoul nous attendait ; dès qu'il nous vit :

— Eh bien, dit-il, vous en voilà débarrassées. Oh ! il n'osera pas revenir de sitôt ; il est si poltron ! Il n'a de courage que pour battre une femme et une enfant. Mes hommes ont-ils bien joué leur rôle ?...

— A merveille ! dit ma mère ; c'est un grand service que vous m'avez rendu là !...

En effet, les hommes qui étaient venus n'étaient autres que des ouvriers canuts apostés pour effrayer G... et pour le forcer à partir.

Le lendemain, Lyon était à feu et à sang. — Nous faillîmes être étouffées, dans la maison même que nous habitions.

On avait mis le feu à chaque bout du pont qui nous faisait face. C'étaient les octrois de la navigation ; aussi, y avait-il beaucoup de matières inflammables accumulées, des huiles, des alcools... Les flammes sortaient par chaque ouverture, enveloppant par instants tout le bâtiment ; puis, elles s'apaisaient un peu.

On voyait, alors, de malheureux employés jeter par les fenêtres leurs meubles et tout ce qu'ils croyaient pouvoir sauver. On les entendait pousser des cris lamentables, bientôt perdus dans une immense clameur, où perçaient par intervalles de féroces éclats de rire.

Quand le feu avait trouvé une nouvelle proie

5.

inflammable, il étendait de nouveau son rideau de flammes. Tout disparaissait.

Nous vîmes un malheureux sauter par la fenêtre pour se sauver. Il se cassa la jambe en tombant, ne put se relever, et fut étouffé par la foule qui le piétinait.

Tout d'un coup, une grande rumeur éclata parmi cette masse d'hommes accumulés sur un seul point. Nous la vîmes fuir dans toutes les directions. La troupe arrivait à l'autre bout du quai. Le quai était devenu désert, sans qu'il fût possible de deviner où ceux qui le couvraient avaient cherché un refuge. Personne n'avait ouvert sa porte pour abriter les incendiaires, qui riaient en voyant leur œuvre de destruction.

Mais c'était une fausse alerte ; nous entendîmes le pas régulier des chevaux de cavalerie, qui s'éloignaient en laissant après eux un nuage de poussière.

Le nuage dissipé, et quelques secondes à peine écoulées, nous revîmes tout dans le même état qu'auparavant. Le flot noirâtre s'était reformé plus menaçant, plus terrible qu'auparavant.

Les plus exaltés, prévoyant bien par le départ de la cavalerie qu'ils étaient tranquilles pour quelques minutes, mirent à profit le temps qui leur restait avant l'arrivée de nouvelles troupes. Alors, toutes les portes furent enfoncées, toutes les maisons envahies.

— Des armes, des armes! criait-on ; et on les prenait de force à ceux qui ne voulaient pas les donner.

Notre porte s'ouvrit, et l'on nous fit la même demande.

— Vous voyez bien, dit ma mère à l'homme qui lui parlait, que nous sommes trop pauvres pour avoir des armes.

— Rien à faire ici, il n'y a que des femmes... Et vous, mon vieux, avez-vous un fusil?...

Ceci s'adressait à Raoul.

— Je n'ai plus d'armes, je les ai données.

La maison remua sous cette avalanche de sabots et de souliers ferrés, qui dégringolaient, plutôt qu'ils ne descendaient les marches de l'escalier. Les envahisseurs avaient compris qu'ils ne feraient pas de bonne prise dans notre maison, et ils se hâtaient, pensant que les autres étaient peut-être plus heureux à côté. On ferma la porte de notre allée ; ce fut bien inutile.

La cavalerie revint. Cette fois elle se dirigeait décidément de notre côté. Les soldats chargeaient le sabre nu. Des cris furieux retentirent dans la foule.

— On égorge les citoyens, on massacre nos frères! Aux maisons! aux maisons!

A ce signal, les portes sont enfoncées; on entre par les boutiques, par les allées. En moins d'une heure, les toits du quai étaient couverts d'insurgés. Les plus terribles étaient des enfants de douze à quinze ans. Avec une lanière de cuir, ils se faisaient une fronde. D'autres, arrangeant leurs blouses en forme de sacs, montaient en haut des maisons les cailloux pointus dont la ville de Lyon était pavée à cette époque. A l'aide de cette fronde, ils envoyaient leurs projectiles à des distances prodigieuses. Chaque caillou qui tombait dans un groupe blessait ou tuait un homme. D'autres tiraient par les croisées. Ceux qui n'avaient pas d'armes jetaient par les fenêtres tout ce qui leur tombait sous la main.

Je me souviens encore d'un perroquet, qu'on avait précipité, dans sa cage, du second étage d'une maison, et qui, pendant une demi-heure, poussa des cris si aigus, que sa voix dominait le feu.

Notre maison était si avantageusement placée, comme point militaire, qu'elle était occupée du haut en bas. Le feu de la rue avait cassé tous les carreaux. Nous étions plus mortes que vives. — On venait de briser les métiers de M. Raoul, et on

jetait sur la troupe le bois qui en provenait. —
Raoul et sa femme pleuraient... Ils étaient ruinés !
Une partie de notre pauvre ménage y passa.

Après plusieurs heures de combat, la lutte parut
se calmer, et finit même par s'éteindre complète-
ment. Ce n'était, suivant toutes les probabilités,
qu'une trêve de quelques heures.

Ma mère profita de cet intervalle.

— Viens, me dit-elle en me prenant par la
main, demain ce quartier sera brûlé. Il faut tâcher
d'arriver chez Mathieu ; c'est un endroit désert,
l'émeute n'ira pas jusque-là.

Il faisait presque nuit. Arrivée au premier
étage, mon pied glissa sur quelque chose de gras
et je tombai tout de mon long. Je me relevai et
nous descendîmes quelques marches jusqu'à un
endroit plus clair. Ma mère jeta un grand cri :
j'étais couverte d'un sang noir, caillé. On avait
tué le locataire du premier étage. Le sang avait
coulé sous la porte. C'est dans cette mare que
j'étais tombée ! Un groupe d'hommes armés gardait la porte.

Ma mère s'en approcha résolûment.

— Messieurs, dit-elle, il faut que je sorte de cette
maison ; je voudrais me réfugier chez des amis.
Une femme et un enfant ne peuvent assister à un
pareil spectacle. Il n'y a plus personne dans cette

maison. Voyez, la mort a déteint sur cette innocente. Et elle montra ma robe ensanglantée.

— Allez-vous loin ? dit une voix rauque.

— Non, à cent pas d'ici.

— On vous conduira un bout de chemin. « Allez-y, vous autres! » Et il se tourna vers deux de ses camarades, qui étaient assis sur de la paille.

Nous marchâmes tous quatre sans dire un mot.

Arrivés à quelque distance d'un campement militaire, les deux hommes s'arrêtèrent.

— Je ne vais pas plus loin, dit l'un d'eux ; nous n'avons pas envie de nous fourrer dans la gueule du loup.

— Merci, dit ma mère, vous pouvez nous quitter.

Ils tournèrent les talons sans nous regarder. Ma mère s'adressa à un chef qui nous donna deux soldats pour nous accompagner, escorte qui nous plaisait mieux et nous rassurait davantage.

A la porte de Mathieu, ma mère remercia ses gardes.

On était en train de dîner. Tout le monde jeta un même cri en nous voyant entrer. Ma mère raconta tout ce qui s'était passé.

Du côté de la ville habité par Mathieu, on n'avait rien entendu. On savait qu'on se battait ailleurs, mais le bruit de la fusillade n'était pas parvenu dans ce quartier.

Les journées qui suivirent furent sanglantes, mais nous eûmes le bonheur de ne plus être témoins de la lutte.

Le calme était rétabli depuis quelque temps déjà, lorsque nous reçûmes une lettre de la mairie, contenant une invitation pour ma mère de se rendre dans les bureaux le lendemain. Cette lettre l'intriguait beaucoup.

— Que peut-on me vouloir? répétait-elle à chaque instant.

Ma curiosité n'était pas moins excitée. J'aurais bien voulu aller avec elle, mais elle refusa positivement de m'emmener.

Elle revint toute haletante au bout d'une demi-heure.

— Qu'avez-vous donc? lui demanda M. Mathieu; vous êtes affreusement pâle : on dirait que vous avez couru.

— Oui, j'ai couru ; c'est que, vous ne savez pas?... mes amis, mes bons amis, mon mari est mort.

— Votre mari est mort!... Eh bien, c'est un fameux débarras pour vous! s'écria M. Mathieu.

La conduite de mon beau-père justifiait assurément l'exclamation de M. Mathieu. Néanmoins, maman ne fit aucun signe d'assentiment, soit par convenance, soit parce que son cœur, malgré les torts de G..., était moins sévère pour lui que sa raison.

— Mais enfin, ma bonne Jeanne, comment avez-vous su cette nouvelle ?

— Attendez que je rappelle mes souvenirs. — Quand je suis entrée dans le cabinet du maire, il m'a dit : « Vous êtes la femme G...? — Oui, monsieur. » Et comme je crus qu'il allait me parler du pillage auquel G... s'était trouvé mêlé, je devins fort pâle : il s'en aperçut et me dit d'une voix plus douce : « Remettez-vous, madame, ce que j'ai à vous annoncer est bien pénible, mais il faut du courage. Qui est-ce qui n'a pas été appelé à en avoir de ce genre-là dans sa vie ! Tout le monde est mortel... » Je ne comprenais plus du tout : je lui promis d'avoir du courage, et le priai de s'expliquer plus clairement.

Il reprit : « Vous n'avez pas vu votre mari depuis plusieurs jours ? — Non, monsieur. — C'est bien cela. — Il a été trouvé à la Croix-Rousse, frappé de deux balles à la tête. Voici les papiers qu'on a trouvés sur lui : un livret avec son adresse, et plusieurs lettres qui ne lui sont pas adressées, mais qui étaient dans son portefeuille avec ce passe-port. » J'ai pris les papiers. Le doute n'était pas possible; G... n'existe plus. Le maire m'a parlé encore quelque temps, mais je l'écoutais à peine, et je suis accourue pour vous apprendre cette grande nouvelle.

Cet événement changea tous les projets de ma mère. Elle était libre; rien ne l'empêchait de retourner à Paris, et elle était d'autant plus disposée à le faire, que son petit ménage avait été saccagé pendant l'insurrection. Elle annonça son intention aux Mathieu. Ils la voyaient partir avec regret, mais ils n'essayèrent pas de la dissuader.

Le soir, quand nous fûmes seules dans notre chambre, ma mère me fit faire une longue prière, pour demander grâce en faveur de celui qui n'était plus.

Quelques jours après, nous quittâmes Lyon. Depuis que je n'avais plus à redouter la présence de G..., il me semblait que rien ne pouvait plus faire ombre à mon bonheur. J'ignorais que la vie n'est, le plus souvent, qu'une suite de malheurs et de déceptions, et que des souffrances autrement cruelles m'étaient réservées dans l'avenir.

V

MONSIEUR VINCENT.

Je devrais m'arrêter ici : vous êtes trop indulgent en m'encourageant à continuer une histoire qui n'a que l'intérêt que vous lui donnez. Si je vous ennuie, c'est votre faute. Quand je vous dis : Ma vie est finie ! vous me faites espérer. Quand je vous dis : Je m'ennuie ! vous cherchez à éveiller en moi une intelligence que je ne connaissais pas, soit que la misère et les malheurs l'aient empêchée de naître, soit que mon genre de vie l'ait étouffée à sa naissance.

Arrivées à Paris, il nous fallut descendre chez mon grand-père. Cela était très-pénible à maman.

Son père, depuis son divorce avec sa première femme, s'était remarié. Maman avait eu beaucoup à se plaindre de sa belle-mère. C'était une méchante femme, qui détestait les enfants du premier lit de son mari, et les rendait très-malheureux.

Ils étaient trois : deux filles et un garçon. Ils apprenaient leurs états avec ardeur, afin de pouvoir quitter, aussitôt qu'ils pourraient se suffire à eux-mêmes, une maison que le souvenir de leur mère, remplacée par une étrangère, leur rendait insupportable.

Adèle, la fille aînée, fut mise chez un marchand de dentelles. Sa fin fut bien triste ! Un soir qu'elle portait un carton de malines qui valait des sommes énormes, elle passait rue de la Lune, vers les dix heures. Un homme se jeta sur elle et la frappa de trois coups de couteau : l'un à la joue, qui lui traversa la langue, l'autre dans le sein, le troisième dans le côté.

Il y avait près de là une femme sur sa porte, qui vit un homme se sauver. Il avait une redingote longue et son chapeau enfoncé sur les yeux. Il se sauvait en criant :

— Ah ! malheureux, je me suis trompé.

On conduisit cette victime à l'Hôtel-Dieu, où elle mourut, quelques heures après, de la blessure au côté, sans avoir pu même dire son nom. Ce ne fut que quelque temps après que l'on sut ce qu'elle était devenue, à cause du carton de malines, qui avait été déposé à la Préfecture de police. Jamais l'auteur de ce crime n'a été connu.

Ma mère fut placée dans un magasin de chapellerie ; son frère voulut apprendre la peinture.

La belle-mère était heureuse. Les enfants étaient éloignés, mais il fallait leur ôter l'idée de rentrer. Quand, par hasard, ils venaient voir leur père, on les recevait si mal qu'ils finirent par n'y plus retourner.

Cependant, mon grand-père avait une certaine préférence pour son fils, et, sauf à se disputer avec sa femme, il lui faisait meilleur accueil qu'à ses sœurs, et lui donnait, même en cachette, quelques cadeaux.

C'était un cerveau faible, que la peinture acheva.

Un jour qu'on n'avait pas voulu lui donner d'argent, il revint avec deux pistolets, et dit à son père et à sa belle-mère :

— Je veux de l'argent ; il y en a là. Ouvrez ce secrétaire, ou je vous brûle la cervelle.

On lui donna tout ce que le meuble contenait, jusqu'à l'argenterie. Au milieu de l'escalier, il riait comme un fou, en criant :

— Je me suis moqué de vous, les pistolets n'étaient pas chargés.

Il quitta la France, et on ne le revit plus pendant plusieurs années.

Ma mère apprit son état et s'établit, sans rien demander à son père. Elle ne pouvait lui pardonner le mal qu'il avait fait à sa mère. Je crois qu'en douze ans, elle ne l'avait vu que deux fois. Elle m'y envoyait au jour de l'an.

Mon caractère s'est dessiné de bonne heure. J'aimais avec passion, ou je détestais avec rage ; il n'y a jamais eu de milieu. J'adorais ma mère, mais je pleurais quand il fallait aller voir mon grand-père. L'idée de les embrasser m'empêchait de dormir.

J'étais encore sous cette impression, quand nous descendîmes chez lui, à notre arrivée de Lyon. Nous arrivâmes, à dix heures du soir, rue de Bercy-Saint-Jean, n° 8. C'était plutôt une arcade qu'une rue.

La maison de mon grand-père était une des plus belles de la rue. La boutique était un magasin de meubles. L'enseigne avançait de deux pieds au

moins; on y lisait: *Maison garnie tenue par.....
On vend et achète les meubles neufs et vieux.*

On entrait par une porte d'allée si étroite qu'on ne pouvait passer que de profil. Une demi-porte, garnie d'une sonnette, annonçait les entrées et les sorties, ce qui était bien inutile, car mon grand-père (il disait: par économie, moi, je dis: par avarice) était en même temps propriétaire, portier, garçon d'hôtel et marchand de meubles.

Sa chambre était au premier. Il se plaignait d'habiter son plus beau logement, mais il ne pouvait faire autrement. Il avait un judas qui donnait dans sa boutique. La pièce était belle, avec deux grandes croisées, et un balcon entouré de fer mangé par la rouille. Il avançait sur la rue, si étroite, qu'on pouvait, en se levant, donner une poignée de main à son vis-à-vis.

C'est dans cette pièce que nous fîmes notre entrée, le cœur serré, la tête basse, tant nous étions sûrs du mauvais accueil qu'on allait nous faire.

La chambre était une succursale de la boutique.

Il y avait tant de meubles, de pendules, de tableaux, qu'à force de richesses on ne savait plus où s'asseoir.

Mon grand-père était assis dans un bon fauteuil.

La sonnette l'avait averti; il tourna la tête, et dit avec le plus grand sang-froid du monde:

— Tiens, c'est toi, ma fille; que diable viens-tu faire à cette heure? nous allons nous coucher.

Il ne nous avait pas vues depuis deux ans.

— Mon père, j'arrive à l'instant de Lyon. Je viens vous demander de me loger un jour ou deux.

La belle-mère fit un saut sur sa chaise et dit de sa voix nasillarde :

— Nous n'avons pas une chambre vacante ; ça se trouve bien mal.

— C'est vrai, dit mon grand-père; nous te ferons un lit par terre.

Ma mère raconta tout ce qui nous était arrivé. La belle-mère faisait semblant de dormir, et comme maman dit à son père: »J'ai bien autre chose à vous conter, quand nous serons seuls,» elle fit comme si elle se réveillait et dit de son air le plus caressant :

— Bonsoir, je vais me coucher.

Elle passa dans la chambre à côté, ayant bien soin de laisser la porte ouverte. Mon grand-père se leva et alla la fermer, et revenant à sa place, il dit à ma mère:

— Eh bien, ma fille, que comptes-tu faire ?

— Mais, mon père, ce que j'ai toujours fait; travailler, quand je serai casée. Demain je chercherai un logement. Si vous voulez me le meubler, je vous payerai le plus tôt possible.

— Certainement, je te donnerai ce dont tu as besoin ; mais, pour avoir la paix, il ne faut pas qu'elle s'en doute.

Et il regardait la porte, à travers laquelle il avait sans doute peur qu'on n'écoutât, car il reprit plus bas :

— As-tu de l'argent ?

— Non, ma fille payant place entière, le voyage est long et mes ressources sont épuisées.

Il tira plusieurs clefs de sa poche, ouvrit un meuble tout doucement, prit un sac et le remit à ma mère.

— Tiens, mets ceci dans ta malle. Il y a cent écus, cela t'aidera. Mais pas un mot devant elle !...

Le lendemain, ma mère passa la journée dehors. Elle avait trouvé un logement au coin du faubourg du Temple et du canal ; elle l'avait arrêté. Il était vacant ; le lendemain nous emménageâmes.

Quelques jours après, ma mère alla chez des fabricants de sa connaissance, qui lui confièrent assez d'ouvrage pour occuper des ouvrières.

Je travaillais avec elle. Le dimanche, nous allions nous promener à la campagne, ou bien elle me conduisait au spectacle. Ma mère ne serait pas allée au bout de la rue sans moi.

Jamais personne autre ne m'avait aimée. Je n'avais pas d'amies, comme les autres enfants. Les scènes que j'avais vues m'avaient laissé un fonds de tristesse.

J'avais huit ans et demi. J'étais grande, mince, pâle ; on me donnait douze ans. J'étais jalouse de tout ce que ma mère avait l'air d'aimer un peu. Si elle était sortie sans moi, j'en aurais fait une maladie.

Il y avait au-dessus de nous un sculpteur qui chantait du matin au soir. C'était un homme qui paraissait avoir trente-cinq ans, blond, les cheveux courts, le front moyen, les yeux bleus, ni grands ni petits, doux, mais sans expression, le nez bien fait, les narines ouvertes, la figure ronde, la bouche presque petite, les lèvres fortes, les dents passables, les épaules larges, le col court ; il avait environ cinq pieds trois ou quatre pouces. Il semblait très-frais de teint, autant qu'on pouvait en juger à travers le plâtre dont il était barbouillé. Il était gai comme un pinson rouge ; tout le monde l'appelait le farceur.

Je faisais toutes les commissions de ma mère, et je le rencontrais presque toujours dans les escaliers.

Il riait avec moi ; il avait l'air du meilleur garçon du monde.

Un jour il me dit :

— Ma petite fille, vous devriez dire à madame votre mère de vous laisser venir une heure à mon atelier pour me poser une tête.

Je lui dis que je ne savais pas ce que c'était que poser une tête, mais qu'il demandât à maman. Il ne se le fit pas dire deux fois. Il était chez nous que je n'avais pas fini de monter. Il s'était déjà expliqué, car ma mère lui répondait :

— Je veux bien.

Nous devînmes les meilleurs amis du monde. Il était toujours fourré chez nous. Il avait le don de se faire aimer de tous ceux qu'il voyait. Il n'était ni beau ni laid, mais il était bon au-delà de toute expression.

Pas grand esprit, beaucoup de bagout. Il avait un défaut: il était libertin. Quand une femme à son gré passait dans la rue, il la suivait une journée entière. Les bonnes, les ouvrières, les femmes de ses amis, les belles, les laides, les vieilles, les jeunes, il frappait à toutes les portes. Quand on lui parlait de cela, il disait :

— Quand on n'attache pas son chien, il a le droit de courir.

Il était de ces êtres qui vous ennuient quelquefois, mais qui vous deviennent indispensables.

Sa mère venait souvent chez lui. Il la faisait enrager. Elle descendait nous voir. Elle nous invita à dîner. On finissait par ne plus bouger l'un sans l'autre. Ma mère était moins tendre pour moi.

Je devins jalouse au point que je la guettais partout. On se cachait de moi. — Je voyais trop clair : ma tête travaillait. Je cherchais à faire des méchancetés. Je ne mangeais plus : j'étais brutale, je souffrais. Enfin, je devins intraitable.

Quand nous allions nous promener et que M. Vincent voulait donner le bras à ma mère, je me jetais entre eux, je me cramponnais à elle et je lui disais :

— Maman, je t'en prie...

Elle me regardait étonnée et marchait seule avec moi ; mais cela l'ennuyait.

M. Vincent était prévenant pour moi comme l'avait été G... à l'origine ; mais, comme lui, il perdait son temps. S'il me servait à table, je ne mangeais pas.

Je souffrais tant et je devins si haineuse, que je ne pouvais plus y tenir. Je demandai à ma mère de me mettre en apprentissage. Je lui dis que je voulais apprendre le commerce. Dès le lendemain elle m'annonça que, le lundi suivant, j'entrerais chez M. Grange, rue du Temple.

— Ton patron, me dit-elle, a une fille qui est à peu près de ton âge. Tu seras très-bien.

Ce fut un chagrin mortel pour mon cœur de voir avec quelle promptitude on se défaisait de moi. J'étais déjà fière ; je ne versai pas une larme.

Le lundi venu, ma mère me conduisit chez M. Grange. Je n'ai rien vu de laid comme cet homme! Je n'ai rien vu de joli comme sa fille! Petite, d'un blond tirant sur le roux, mais blanche et fraîche, coquette et élégante; quinze ans à peine. J'avais à cette époque onze ans ; j'étais plus grande qu'elle. J'avais une forêt de cheveux très-bruns ; j'étais pâle, la peau brune. C'était le contraste le plus marqué qu'on pût rencontrer.

M. Grange demanda à ma mère si elle désirait qu'on me logeât. Avant qu'elle n'eût eu le temps de répondre, je disais : « Oui, laisse-moi coucher ici, cela te gênera moins. » Ma mère répondit presque en colère :

— Du tout, mademoiselle, vous rentrerez tous les jours.

C'était la première fois de ma vie qu'elle me disait *vous*.

Je partais le matin et ne revenais que le soir, tantôt à une heure, tantôt à une autre.

Souvent maman était sortie et ne rentrait que tard. J'attendais dans la rue, quand je ne voulais pas me coucher. J'aurais pu rester au magasin, mais je n'y étais pas heureuse.

La fille de mon maître faisait marcher la maison ; elle avait les clefs de tout ; elle volait sur les ventes pour acheter ses chiffons : il ne s'apercevait de rien.

Cette enfant, qui avait perdu sa mère toute petite, avait toujours été gâtée ; c'était un mauvais cœur.

Elle trouvait un grand plaisir à m'humilier, à me dire des choses mortifiantes. Elle n'était bonne à rien. J'étais plus adroite que la première ouvrière, et, cependant, elle me jetait quelquefois mon ouvrage à la figure, en me disant :

— Défaites cela, c'est mal fait.

Mes dents se serraient, mon cœur battait, et un nuage me passait devant les yeux.

J'étouffais. J'attendais cinq minutes ; puis, je défaisais mon ouvrage sans dire un mot.

Violente comme j'étais, quand je ne pouvais ni crier, ni casser quelque chose, au moins m'eût-il fallu pleurer pour me soulager ; mais, comme j'aurais mieux aimé mourir que de verser une larme devant elle, j'étais malade de rage.

Il y avait dix fabriques dans cette maison. Le soir, pendant l'été, les ouvriers et les ouvrières se rassemblaient sur le pas de la porte.

Si quelqu'un causait avec moi, elle venait me dire : « Allez-vous-en donc, votre mère vous attend. »

Tout le monde, dans la maison, s'était aperçu de sa dureté pour moi, et l'on me plaignait d'être ainsi son souffre-douleur.

Je prenais patience, en me disant que, partout ailleurs, ce serait la même chose, peut-être pis.

Mon apprentissage fini, je demandai à M. Grange s'il voulait me garder ouvrière à la journée.

— Certainement, je te donnerai vingt sous par jour; et si, ta journée finie, il y a quelque chose de pressé, tu l'auras à tes pièces.

Il dit, en regardant sa fille :

— Te voilà vexée, Louisa, tu ne pourras plus la gronder; c'est une femme. Quel âge as-tu, Céleste ?

— Je vais sur quatorze ans.

— Tiens, je te croyais plus âgée. Tu es forte.

Puis, il me tourna le dos, et resta six mois sans me regarder.

Il y avait dans la cour une fabrique de papiers peints. Le commis du bureau était toujours dans la boutique ou sur la porte.

La fille de mon patron sortait quand elle l'apercevait. Elle devenait rouge quand il rentrait.

Je crois que ce n'était qu'une amourette d'enfant. Elle avait dix-sept ans, lui dix-huit.

Un jour, il était devant mon métier et regardait ce que je faisais.

On portait alors beaucoup de chamarrure d'or sur velours; je faisais toutes les broderies, et l'on me disait très-habile.

Ma jeune patronne s'approcha de moi, en colère comme un petit coq; ses cheveux en devenaient rouges.

Elle se pencha sur mon ouvrage.

— C'est mal fait, me dit-elle, ne finissez pas pas cela; la personne n'en voudra pas.

Je regardai ma broderie, et je dis en riant :

— Vous n'êtes pas raisonnable; vous prenez des bains de pieds pour vous pâlir, et vous vous montez là pour rien. Vous voilà rouge comme un pavot. Si c'était avec raison encore, passe; mais vous me parlez d'une chose que vous ne pouvez pas juger, puisque je n'ai jamais pu vous apprendre à soutacher.

Et je passai mon ouvrage à la première ouvrière.

Celle-ci, qui était dans la maison depuis dix ans, traitait Louise en enfant.

— L'ouvrage de Céleste est bien fait, dit-elle; ça te sied bien de donner des conseils aux autres, toi qui n'es bonne à rien.

Je la regardai, et vraiment j'eus presque pitié d'elle. Je crus que sa tête allait éclater; les yeux lui sortaient comme des boules de loto.

Elle resta quelques instants la bouche ouverte et l'air si bête, que j'étais plus que vengée de tout ce qu'elle m'avait fait.

Je n'avais rien perdu pour attendre.

Elle se sauva dans l'arrière-boutique, et, quand son père fut rentré, elle se mit à pleurer à chaudes larmes, en disant que je l'avais maltraitée. M. Grange lui répondit qu'il n'en croyait rien, et que c'était bien plutôt moi qui étais sa victime.

Ce soir-là même, en rentrant à la maison, je trouvai ma mère très-agitée. M. Vincent n'était pas rentré depuis la veille.

Maman faisait tout ce qu'elle pouvait pour ne pas pleurer; mais il était aisé de voir qu'elle étouffait son chagrin.

M. Vincent rentra sans frapper; ma mère le reçut mal.

J'avais fait une bonne journée, et j'allai me coucher contente. Mon cœur, qui avait tant besoin d'affection, devenait haineux; à mesure que la source de la tendresse que j'avais eue pour ma mère se tarissait, je sentais naître en moi des mouvements inconnus; mon imagination devenait plus indépendante et plus hardie.

Au lieu de dormir, je passais des heures entières à regarder les étoiles. Ma pensée suivait les nuages qui passaient, et je restais comme en extase. Je me voyais riche, heureuse, aimée.

Ces théâtres, où l'on m'avait menée si jeune, avaient gâté mon esprit et exalté mon caractère, et je puis assurer que je ne connais rien de plus dangereusement mauvais pour les enfants que ce genre de distraction.

Vincent mangeait à la maison. Il ne montait à l'atelier que pour travailler.

Alors les scènes se suivaient avec rapidité. Quand il me disait un mot, je lui répondais:

— Mêlez-vous de vos affaires; est-ce que je vous connais? Vous n'êtes pas mon parent.

Ma mère m'imposait silence.

— Eh bien, lui disais-je, je sais que tu ne m'aimes pas, que je suis pour toi une gêne, un ennui. Si j'avais l'âge, je partirais, je louerais une petite chambre où je serais seule. — Prenez patience.

Je me faisais détester, mais c'était plus fort que moi.

On allait souvent chez la mère de M. Vincent. Un soir que je rentrais du magasin, on me dit, chez le concierge, que ma mère était rue Popincourt. J'allai la rejoindre. Mme Vincent me dit d'attendre, qu'ils allaient revenir.

Nous nous endormîmes toutes deux, moi sur une chaise, elle dans un fauteuil. Quand je me réveillai, la lampe baissait.

— Il doit être bien tard, dis-je en me frottant les yeux. Ils ne reviendront pas, je m'en vais.

Il était plus de minuit. Il faisait froid. Il y avait peu de maisons le long du canal. Quelques échoppes de blanchisseurs, seulement ; et puis, au bord de l'eau, des carrés de bois flotté, qu'on mettait en pile pour les faire sécher. Quelques reverbères très-éloignés les uns des autres.

Je m'arrêtai au coin de la rue Popincourt. Je n'osais pas avancer. Le chemin était bien fait pour effrayer plus brave que moi.

Je me raisonnai : je me dis qu'on devait être inquiet à la maison, que peut-être on allait venir au-devant de moi, que je rencontrerais du monde à moitié chemin.

Je suivis le quai. Je rasais les murs sans respirer. Je n'étais pas bien lourde; je marchais comme un oiseau, pour ne pas entendre mes pas.

Presque arrivée au pont de Ménilmontant, j'entendis parler. Je m'arrêtai, et, sans savoir pourquoi, je me blottis dans une porte. Je n'entendais pas marcher; mes yeux cherchaient à percer la nuit. Les voix recommencèrent. On bougeait beaucoup en parlant; je crus d'abord que c'était dans un bateau : cela avait l'air de sortir de l'eau. Mais j'entendis des pieds trépigner sur la terre. C'était au bord du canal, derrière les piles de bois. Enfin, j'entendis distinctement des plaintes.

— Ne me faites pas de mal, je vous dis que je n'avais que cela.

— C'est pas vrai, disait une autre personne à mi-voix. Tu as reçu ta paye; c'est aujourd'hui samedi.

— Non, je vous jure que l'on m'a remis à quinzaine.

— C'est pas vrai.

Et j'entendis de nouveau piétiner sur la terre, puis deux ou trois gémissements, et quelque chose tomba.

— Fouille vite, disait l'homme qui avait déjà

— Il n'y a rien, répondit l'autre, tu as eu tort de le tuer.

— Tiens ! pour qu'il nous fasse pincer. Tu es encore malin, toi !

Et j'entendis quelque chose tomber à l'eau. Je me laissai glisser à genoux dans le coin de la porte. J'entortillai ma tête de mon tablier noir, pour que mon bonnet blanc n'attirât pas les regards, et je recommandai mon âme à Dieu... Les pas venaient de mon côté... je perdis connaissance.

Quand je revins à moi, je fus encore plus effrayée.

J'étais dans une grande salle éclairée par cinq ou six chandelles suspendues au mur par les crochets de leurs chandeliers en fer ; d'immenses cuves qui fumaient, des brasiers de feu allumés sous ces cuves, de la vapeur répandue comme un nuage, et, au travers de tout cela, des ombres qui remuaient sans que je pusse les distinguer.

Une grosse femme vint à moi, et me dit :

— Eh bien, cela va-t-il mieux ?

Je me jetai en arrière.

— Est-ce que je vous fais peur, mon enfant ?

— Oui, madame.

— Ne craignez rien, je ne vous ferai pas de mal.

Et elle se mit à rire d'un air si bienveillant, que je commençai à me sentir un peu rassurée.

— Mais que faisiez-vous donc là, à cette heure?

Je n'étais pas encore assez revenue à moi-même pour me souvenir de ce qui s'était passé; je la regardai avec de grands yeux, et je lui dis :

— Où, là?

— Pardine! là, à la porte de notre blanchisserie. En venant couler notre lessive, nous vous avons trouvée couchée tout de votre long.

— Ah! je me rappelle... Fermez votre porte, vite, vite!... ils sont encore là!

— Qui donc?

Je leur racontai ce que j'avais entendu.

— Pauvre fille, me dirent-elles, vous avez dû avoir bien peur! Un homme noyé, ce n'est pas rare ici.

Elles prirent une chandelle et allèrent visiter le bord du canal. La lutte n'avait laissé aucune trace, et elles ne virent même pas la place où ce malheureux avait péri.

On me reconduisit chez ma mère, qui, sachant que j'avais été chez Mme Vincent, croyait que j'y étais restée. J'étais morte de froid; mes dents claquaient. Le médecin dit qu'il craignait une fièvre typhoïde. Il ne se trompait pas.

Je restai deux mois malade. Le chagrin y était pour beaucoup, car, je n'en pouvais plus douter, ma mère aimait M. Vincent à un tel point qu'il ne me restait rien.

Je repris mon travail; mais, pour rentrer à la maison, il fallait traverser le canal.

Le pont du Temple est très-passager. Cela n'empêchait pas qu'il me prenait des peurs dont je n'étais pas maîtresse, et que j'arrivais chez nous haletante, pâle, restant une heure à divaguer sans qu'on pût tirer un mot de moi.

On craignait que la vue de cet endroit ne me fît tomber malade, et ma mère prit ses mesures pour déménager.

Je crus d'abord que c'était uniquement pour moi, et j'allais lui en être bien reconnaissante. Je pensais qu'en quittant cette maison, nous nous séparions de *tous* les locataires qui l'habitaient. Je me trompais. M. Vincent nous suivait, et si ma mère quittait le quartier, c'était en grande partie pour le dépayser de toutes ses connaissances de femmes.

Ma haine devint plus forte. Je me disais : Si

c'était lui au moins qu'on eût jeté dans le canal!...
Je regrettais G...

A partir de ce moment, je pris un autre moyen ; j'espionnais les actions de Vincent. Il ne se cachait guère, au surplus, et il n'était pas difficile de savoir ce qu'il faisait.

Je crois qu'il aimait beaucoup ma mère, mais il lui était impossible d'être fidèle. Ma mère était jalouse à l'excès. Je voulais savoir, je savais, et en dînant je disais à Vincent :

— Dites donc, votre nouvelle bonne amie n'est pas jolie ; ou bien, vous avez tort de courir après celle-là, elle ne veut pas de vous.

Il devenait rouge, ma mère pâle. Ils se disputaient quelques jours, mais, quand ils se raccommodaient, j'avais encore perdu un peu de l'affection de ma mère.

Un jour, à mon magasin, on avait arrangé une partie de campagne.

Tout le monde y allait, hommes, femmes, enfants. C'était M. Grange qui payait. J'y allai sans demander la permission. Ma mère s'emporta et me battit plus durement qu'à l'ordinaire.

Elle était violente, moi obstinée. Je recevais souvent des tapes. Vincent prenait ma défense ; il se mettait devant moi ; mais je ne voulais rien lui devoir, et j'allais me mettre sous les coups.

Ce jour-là, je me révoltai contre les injures, et je répondis à ma mère :

— Il te sied bien de me faire de la morale et de me dire que je me conduis comme une éhontée, parce que je vais avec des amis à la campagne, en présence de mon maître, de sa fille et des ouvrières qui m'aiment plus que tu ne m'aimes. Il me semble que je suis habituée à me garder toute seule, et que, si je voulais faire mal, ce n'est pas ta surveillance qui me gènerait. Personne n'y trouverait à redire. On dit assez au magasin que tu me donnes de mauvais exemples.

J'étais assez loin d'elle. Elle me regardait avec des yeux effrayants. Vincent avait l'air stupéfait. Je m'appuyais au mur. Je m'attendais à être assommée, mais j'étais résignée. J'avais soulagé mon cœur gonflé depuis trop longtemps.

Il y avait à côté de ma mère, sur une table, un petit couteau à manche de nacre. Je le vois toujours. C'est Vincent qui me l'avait donné. Elle me le lança à la figure. On appelle cela, je crois, tirer à l'oie. Elle visa juste. Heureusement que le manche était plus lourd que la lame. Au lieu d'arriver en flèche et de me crever l'œil, le couteau me fit une coupure au sourcil.

Le sang m'inonda la figure. Ma mère se trouva

mal, pleura beaucoup, en revenant à elle. Moi, j'en fus quitte pour une égratignure, qui ne me laissa qu'une cicatrice dans le sourcil gauche.

Vincent la gronda. Elle voulut me faire oublier cela par des soins, des caresses. Mais il était trop tard, mon cœur était fermé à cette tendresse qui jusqu'alors l'avait rempli exclusivement, non à cause des coups, ma mère aurait pu me tuer... j'étais dure au mal; je savais que si elle était violente, la main tournée, elle n'y pensait plus, mais parce qu'elle m'avait sacrifiée à son amour, parce qu'au lieu de m'habituer à la confiance, à l'affection, elle avait laissé grandir mes mauvais instincts sans les combattre.

Mon imagination était ardente; je haïssais au point de souhaiter la mort à ceux que je détestais.

— Si j'avais eu en ce moment à ma porté le moyen de m'instruire, je crois que j'en aurais bien profité.

Le vide qui s'était fait dans mon cœur me faisait vivre par l'esprit.

Malheureusement mon désir de savoir dépassait les ressources que j'avais pour apprendre, et je savais à peine lire. Je me défiais de tout le monde. Aussi, je pris ce retour de ma mère vers moi pour une grimace ; je devins plus froide, plus injuste, plus indépendante.

J'allais avoir quinze ans. Il paraît que j'étais très-jolie, car on me le disait souvent. Louise devenait laide : elle avait des amants ; cela ne l'embellissait pas. Sa plus grande beauté avait été sa fraîcheur. Elle enrageait de voir que, sans les chercher, j'attirais les regards et les compliments.

Nous avions changé de logement ; nous demeurions rue Neuve-Culture-Sainte-Catherine n° 23. La maison faisait le coin. Les fenêtres donnaient rue Culture, mais nous voyions de chez nous l'église Saint-Paul et la rue Saint-Antoine.

La maison était propre ; seulement l'allée était drôlement faite. L'escalier arrivait au bord de la rue ; on avait sans doute voulu ménager le terrain. La seule boutique, elle faisait le tour de la maison, était occupée par le propriétaire exerçant la profession de marchand de vins.

Notre logement était au deuxième, et se composait de trois pièces : une cuisine, une grande chambre avec alcôve, une autre chambre sans cheminée, qu'éclairait une porte à moitié vitrée, et qui se fermait au loquet. C'était un grand cabinet, mais l'amour-propre du propriétaire l'avait décoré du nom de chambre, et moi, un peu par le même sentiment, je disais aussi ma chambre.

On avait mis un rideau de mousseline au vitrage de la porte, ce qui ne m'empêchait pas de voir tout ce qui se passait dans la chambre de ma mère.

M. Vincent avait renoncé à son état de sculpteur. Il était entré dans un bureau. Il demeurait à la maison. C'était un ménage.

En dépit de tout ce que je lui faisais, il était très-bon. Il avait l'air de m'aimer chaque jour davantage. Il me faisait des cadeaux, était prévenant, et s'occupait de moi plus que de ma mère.

Un soir que je venais de me coucher, je l'entendis qui disait à maman :

— Je vous dis que cela n'est pas prudent; qu'il faut la reprendre avec vous. Elle a bientôt quinze ans, elle est jolie, et ces criquets-là courent après.

Ma mère répondit :

— Vous savez bien que cela ne dépend pas de moi; elle ne voudrait pas quitter son magasin. Est-ce que j'ai jamais rien pu sur ce caractère?... Je l'enfermerais, qu'elle ne ferait qu'à sa tête. Je n'ose plus lui dire un mot; elle me dit des choses si dures à cause de vous.

— Bah! bah! il y a toujours moyen de forcer une fille à rester chez sa mère, et je me charge de la surveiller. Je ne veux pas qu'elle tourne mal.

Ma mère dit à Vincent qu'il était fou ; que, s'il avait l'air de s'occuper de moi, il me ferait sauver de la maison.

On parla encore de moi longtemps, toujours pour le même motif ; mais, comme cela ne variait pas, je finis par m'endormir.

Mon grand-père avait été atteint d'une affreuse maladie qu'on appelle le scorbut. Il était allé à Fontainebleau, chez un de ses frères.

Se sentant bien malade, il écrivit à ma mère pour la prier de venir passer quelque temps près de lui. Ma mère partit en me recommandant le soin du ménage.

Je rentrais, comme à mon ordinaire, tous les soirs. M. Vincent rentrait très-tard.

Deux ou trois fois, je me réveillai en sursaut. Il était debout près de mon lit, sa lumière à la main.

— Que me voulez-vous ? lui disais-je.

— Rien, je regardais si tu dormais ; je dois veiller sur toi en l'absence de ta mère. On te fait la cour. Sais-tu que tu es presque bonne à marier ? Celui qui t'aura sera joliment heureux.

Puis il sortait en me regardant : ses yeux brillaient à éclairer ma chambre. Cela me faisait peur, sans que je susse pourquoi, et je me cachais dans mon lit, comme si ma couverture eût été un rempart.

Il reçut une lettre de ma mère. Il me dit que mon grand-père était très-mal, et que ma mère resterait encore une huitaine de jours.

Ce jour-là, je rentrai le soir tout en larmes. Je m'étais querellée avec Louise. J'avais été moins patiente que de coutume; je m'étais emportée. Son père lui donna raison. C'était injuste. Je demandai mon compte; on me le donna. J'étais sans place.

— Pourquoi te tourmentes-tu donc? me dit Vincent; est-ce que je ne suis pas là?... J'aurai soin de toi... je t'aime, quoique tu me détestes. Tout ce que j'aurai sera pour toi.

Et, me prenant dans ses bras, il m'embrassa plusieurs fois. — Puis, me serrant petit à petit, il m'approcha si près de lui, que je me sentis frémir Son cœur battait fort. Je voulais m'échapper, il me retenait.

— Non, reste là : c'est quand on a de la peine que l'on connaît ceux qui vous aiment.

Son haleine me brûlait la figure ; ses lèvres tremblaient.

Je ne répondis rien, mais je me sauvai dans ma chambre.

— Qu'as-tu donc? me dit-il.

— Rien, répondis-je, car je ne savais pas pourquoi je m'étais sauvée.

Il m'avait connue tout enfant; il avait gardé l'habitude de me parler comme à une petite fille.

Je revins honteuse, et je m'assis près de la croisée. Il vint s'asseoir près de moi.

— Tu m'en veux donc bien, que tu te sauves quand je t'approche! Tu es jalouse de moi à cause de ta mère. Tu as bien tort, car, sans toi, il y a longtemps que je ne la reverrais plus.

Je le regardai tout étonnée. Il me prit la main et continua :

— Je suis coureur, j'aime les femmes; mais jusqu'à ce jour j'ai été incapable d'aimer longtemps la même. Toi, je n'ai pu te quitter.

Il me regardait en face et me serrait la main. Je jetai les yeux autour de moi, comme pour chercher ma mère. Je ne sais pourquoi, mais j'aurais voulu qu'elle l'entendît.

— Vous vous trompez, lui répondis-je. Je n'ai jamais été jalouse de vous. Je vous déteste, parce que ma mère vous aime mieux que moi. Si vous êtes resté à cause de moi, vous avez eu bien tort, car mon désir est de vous voir partir, mon bonheur serait de ne vous revoir jamais.

Il parut interdit; je profitai de cela pour lui dire qu'il était tard, et j'entrai dans mon cabinet.

Comme il ne gardait pas de lumière, j'éteignis la mienne, et je me déshabillai à tâtons.

Je passai la journée du lendemain à la maison. Deux hommes vinrent demander Vincent pour dîner; ils laissèrent leurs noms.

Il rentra vers les trois heures; je lui remis ce qu'ils avaient écrit, et il partit les retrouver.

Je n'avais que deux robes. Je passai cette journée à raccommoder mes affaires. Il était dix heures du soir; je travaillais encore. J'avais ôté la robe qui était sur moi, pour refaire l'ourlet. J'étais en jupon et en chemise, un foulard sur le col, quand j'entendis frapper. Je mis mon châle sur mes épaules et j'allai ouvrir; Vincent entra.

Il n'avait pas sa figure ordinaire. Aux premières paroles qu'il m'adressa, je m'aperçus qu'il était gris.

— Tu as fait une conquête tantôt, me dit-il. On a joliment parlé de toi à dîner. Le plus petit m'a dit qu'il te trouvait à son goût; je lui ai répondu que ce n'était pas pour lui que le four chauffait, que je te gardais.

— Comment! vous me gardez! Est-ce que vous croyez que je ne me marierai jamais?

— A moins que tu ne veuilles te marier avec moi.

Je reculai d'un pas.

— Vous! lui dis-je; oh! j'espère bien que vous n'oseriez pas me le demander!

— Si, puisque je t'ai dit hier que je t'aimais.

— Vous m'aimez comme votre fille, et je vous en remercie; mais on n'épouse pas sa fille.

Je regardais dans ses yeux, car je venais de comprendre sa pensée!... Mon cœur se révolta.

Je regardai la porte. Elle était fermée à clef; ordinairement, on mettait la clef en dedans, mais on laissait la porte fermée au pêne. Je vis, entre la gâche et la serrure, qu'il avait donné deux tours et qu'il avait retiré la clef. J'eus peur, car il n'avait pas sa raison. Il s'approchait de moi.

En une minute, il me passa dix idées différentes. J'avais envie de lui demander grâce, de le menacer de le tuer, s'il me touchait. Mais, rappelant tout mon courage, je serrai mon châle autour de moi, et je lui dis, en le regardant bien en face :

— Que me voulez-vous?...

Il hésita un instant, étendit les bras pour me prendre, et me répondit à voix basse :

— Je veux que tu m'aimes! je veux t'avoir! je t'aurai!...

Je courus à la porte; elle était fermée. Je me cramponnai après.

Je lui dis que j'allais appeler au secours, s'il me touchait. Il me prit au milieu du corps et m'étreignit dans ses bras.

Je fis un effort si violent pour glisser à terre que j'y parvins, et m'attachant au bois du lit de toutes mes forces, je criai au secours. Ma voix était faible. Il m'arracha mon châle, déchira mon fichu. La pudeur, la honte me firent lâcher prise. Je croisai mes mains pour cacher ma poitrine presque nue. Il me souleva et me serrant, il me dit :

— Tais-toi! donne-toi de bonne volonté, ou je t'aurai de force.

Je ne pouvais faire un mouvement. Il me tenait par-dessus les bras. Sa tête se pencha sur mon épaule, et je sentis sa bouche humide. Je frissonnais de peur et de dégoût; je me sentais perdue.

Je faisais des efforts inutiles, quand, par une inspiration soudaine, je lui mordis le bras si fort, qu'il poussa un cri et me lâcha.

Je courus à la fenêtre, l'ouvris, et montant sur le bord, je lui dis :

— Si vous m'approchez, je me jette en bas.

— J'étais bien décidée à mourir ; il le comprit, car il se recula.

— Eh bien ! je ne te toucherai plus, descends.

— Non, lui dis-je, commencez par sortir, je descendrai après.

— Il me demanda pardon, me dit qu'il avait eu un instant de folie, mais que je pouvais descendre et qu'il me donnait sa parole de ne plus recommencer. Ce n'est pas la confiance que m'inspira cette parole qui me décida à quitter ma position ; mais je voyais un trou noir qui me fit peur. Poussée à bout, je me serais jetée en bas ; mais j'avais eu le temps de réfléchir, et l'instinct de la vie se réveillait avec la peur. Pourtant, je restai près de la fenêtre. Il se jeta de nouveau sur moi, et me tirant par ma jupe et par le bras, il me dit, en cherchant à m'arracher de la croisée :

— Tu crois que je vais partir pour que tu me dénonces ; je veux pouvoir dire à ta mère que c'est toi qui m'as provoqué. Elle le croira, car elle est jalouse et elle m'aime.

Je me mis à crier. Il me tira si brutalement, que mon corps tomba sur le côté de la croisée restée ouverte, et que mon coude brisa un carreau. Je ne sentis rien.

A ce moment, il se fit du bruit dans la rue, Vincent eut peur; il prit la fuite et la porte resta ouverte.

J'avais trois coupures au bras. Je mis ma robe, mon châle, un bonnet, et je sortis sans savoir où j'allais.

Au milieu de l'escalier, la peur me reprit; je n'osai pas descendre une marche de plus.

Il n'y avait pas de concierge dans cette maison. L'escalier n'était pas éclairé. La porte de l'allée s'ouvrait avec un secret; il me sembla qu'on fermait cette porte avec précaution. Je remontai comme une ombre, et je m'arrêtai à l'étage au-dessus de chez moi.

J'entendis quelqu'un monter; notre porte s'ouvrit. Elle resta entr'ouverte; je voyais un rayon de lumière sortir par la fente.

— S'il me trouve, me disais-je, il me tuera. Il faut sortir de cette maison... Et je m'élançai dans l'obscurité avec une vitesse effrayante. S'il veut m'arrêter, pensai-je, je crierai si fort qu'il viendra du monde.

Mais cette idée ne me donnait pas grand courage, car nous n'étions dans la maison que deux locataires, un au quatrième, nous au second.

Je passai devant la porte. Le rayon m'éclaira. Il me sembla que Vincent allait s'élancer sur moi comme un loup. J'étais au premier; je n'entendis rien.

Une fois en bas, je poussai la porte, et je pris ma course du côté de la place Royale.

Je revins par la rue Saint-Antoine. Deux heures du matin sonnaient à l'église Saint-Paul. J'entrai par la rue Culture; je me glissai le long des maisons.

Je vis de la lumière à la croisée. Que faisait-il?... Pourquoi était-il revenu?... Il ne m'avait pas vue sortir. Il avait dû me croire évanouie ou morte. Peut-être attendait-il mon retour?... Peut-être courait-il après moi?...

Je n'eus pas longtemps cette idée. Je le vis regarder par la fenêtre, et je me cachai derrière un échafaudage.

Ce quartier est encore fort triste; mais, à l'époque dont je parle, tout était fermé à dix heures du soir.

Je traversai la rue, et vins me mettre dans l'angle de la porte cochère du grainetier, qui touchait notre maison.

Dites-moi pourquoi, ayant tant de raisons pour avoir peur, je venais si près, je n'en sais rien moi-même.

J'avais marché deux heures.

L'herboriste-grainetier avait sa boutique au fond de la cour. Le grenier où il serrait sa paille et son foin était au premier.

J'étais appuyée contre sa porte. Quelqu'un avait sans doute oublié de la fermer.

J'entrai et je réparai cet oubli.

Une fois la porte fermée, je pus respirer.

C'est affreux de se trouver seule, à quinze ans, dans les rues de Paris, sans un ami, sans une personne de connaissance chez laquelle on puisse aller demander un refuge, car ma mère avait sacrifié tous ses amis à Vincent.

La tête me tournait. La fatigue, l'heure avancée de la nuit, je sentais mes yeux se fermer malgré moi.

Je fis quelques pas dans la cour. Je trouvai l'escalier du grenier à fourrage ; je montai quelques marches, pour m'asseoir sur l'escalier et me reposer.

La porte était ouverte ; j'entrai. Je m'étendis sur des bottes de paille, et je m'endormis jusqu'aux premières lueurs du jour.

VI

THÉRÈSE.

Que faire? me disais-je en me réveillant grelottante de froid; je ne puis retourner à la maison. Ma mère a écrit il y a cinq jours qu'elle reviendrait dans huit; elle arrivera demain ou après. Je l'attendrai, je lui dirai tout et je rentrerai avec elle. Mais que faire pendant deux jours? J'irai me promener bien loin; je reviendrai ici le soir. Si l'on me voit, je dirai la vérité. J'ai dix sous; c'est plus qu'il ne faut pour attendre. Je ne veux rien dire à personne.

Je passai cette journée sur les quais à voir pêcher. Je dépensai deux sous de pain.

Cinq jours s'étaient passés ainsi; ma mère n'était pas revenue.

Je pleurais... j'avais faim; je ne pouvais plus marcher pour attendre l'heure de rentrer.

Je m'assis sur les marches de l'église Saint-Paul, je mis ma tête dans mes mains, et je demandai à Dieu si je ne ferais pas mieux d'aller me jeter à l'eau.

Bien des gens passèrent près de moi sans me regarder. Je sentis quelqu'un me frapper sur l'épaule.

— Qu'est-ce que tu fais donc là, petite? Voilà plus de deux heures que tu es ici; tu pleures?

La personne qui me parlait était une femme de vingt-cinq à trente ans, assez jolie de figure.

Elle avait une robe de soie noire, un bonnet à rubans, un tablier, comme c'était la mode, avec des fleurs de couleur. Elle tenait sa robe retroussée d'un côté, et laissait voir un pied bien chaussé dans une bottine noire. Ses bas bien blancs, bien tirés, annonçaient des habitudes d'élégante propreté.

Sa figure me plut. Elle n'eut pas besoin de me demander deux fois la même chose...

Je lui racontai pourquoi j'étais là. Elle se rangea dans un enfoncement qui séparait les boutiques de l'église. Il faisait sombre ; elle paraissait ne pas vouloir être vue.

— Pauvre fille, me dit-elle, pensez-vous que votre mère revienne bientôt ?

— Oh ! oui, je l'espère ; demain, après-demain peut-être, mais elle ne peut tarder.

Elle me demanda si je lui avais écrit. Je répondis que je ne savais pas écrire, et que, dans tous les cas, j'ignorais son adresse à Fontainebleau.

Elle semblait en proie à une grande hésitation.

— Tu ne peux pas coucher dans la rue... je ne peux pas t'emmener... Ah ! bien, tant pis, il faut que tu manges. Vois-tu, je ne peux pas marcher à côté de toi. Suis-moi à quelques pas, tu entreras où tu me verras entrer.

J'avais si peur de la perdre, que je lui marchais sur les talons. Je la vis rire avec des femmes qui se promenaient de long en large ; l'une d'elles lui dit en passant :

— Tu vas chez toi ? on te suit.

— Oui, répondit-elle ; et, me regardant, elle se mit à rire de bon cœur.

Arrivée à deux cents pas, elle s'arrêta devant la porte d'un marchand de vins, jeta un regard dans la boutique où il y avait beaucoup de monde.

Elle entra dans une allée qui touchait à la boutique à rideaux rouges, et me fit signe d'attendre.

Elle ouvrit une porte qui devait donner dans une des salles du marchand de vins, prit une chandelle et une clef avec un numéro en cuivre. Arrivée au premier, elle ouvrit une porte vitrée garnie de rideaux de calicot rouge, comme chez le marchand de vins.

C'était bas de plafond. Il y avait un lit, une espèce de canapé, deux chaises, une table.

— Entre, me dit-elle, n'aie pas peur. Tu as faim; il faut manger. Demain, j'irai voir si ta mère est revenue. Tu seras mieux couchée là que dans la rue.

J'avais envie de lui sauter au cou, mais j'étais intimidée par le bruit qu'on faisait au-dessous de cette chambre, chez le marchand de vins.

Elle revint avec du pain, du vin, de la charcuterie.

Je mangeai. J'avais eu si faim, que mon estomac s'était resserré. Cela me faisait mal.

— Eh bien! me dit-elle, cela va-t-il mieux?

— Oui, madame, j'ai bien à vous remercier!... je voudrais toujours rester près de vous. Vous avez l'air si bon... j'ai envie de vous embrasser.

Et, comme elle me tendait sa joue, je l'embrassai de tout mon cœur.

Je lui demandai ce qu'elle faisait... elle me répondit :

— Ce que je fais!... je fais mal de te recevoir dans mon garni. J'ai été comme toi; un homme m'a perdue comme l'on a voulu te perdre il y a six jours; je ne me suis pas défendue, et, voilà où cela m'a conduite.

— Est-ce que vous êtes malheureuse? lui dis-je, étonnée.

— Non... c'est-à-dire si... aujourd'hui! car tu me plais beaucoup ; j'aurais eu du plaisir à te revoir.

— Pourquoi donc ne le pourriez-vous pas?

— Ne me le demande pas; je suis obligée de me cacher pour te garder un jour ou deux. On croirait, si on te savait ici, des choses auxquelles je ne pense guère, ni toi non plus. On me ferait beaucoup de mal. Quel âge as-tu ?

— Je vais avoir quinze ans.

Elle fit un bond sur sa chaise.

— Quinze ans, répéta-t-elle... Bon Dieu! j'en aurais pour six mois !

— Six mois! lui dis-je à mon tour, sans comprendre.

— Oui, ma fille. Détournement de mineure! six mois au moins.

— Je ne comprends pas.

— C'est bien difficile à t'expliquer. Je ne suis plus une femme, je suis un numéro; je ne suis plus ma volonté, mais le règlement d'une carte.

Si je veux aller tête nue, le règlement me commande de mettre un bonnet.

Si je veux sortir le jour, le règlement me le défend.

Je ne puis aller dans certaines promenades.

Je ne dois jamais me mettre aux fenêtres, et surtout je ne dois jamais sortir avec une honnête femme.

Juge ce que cela serait pour une jeune fille de quinze ans! On dirait que je veux te vendre.

— On me demanderait ce qui en est, je suppose.

— Peut-être que oui; mais c'est dangereux. Moi, je vis comme cela, parce que je suis insouciante... et puis, je n'ai pas le moyen d'en sortir. Je ne suis jamais punie.

Je la regardai. Cet aveu ne m'éloigna pas d'elle.

— Fais bien attention, petite; ne va jamais tomber dans ce vice-là! Vois-tu, je regretterais de ne pas t'avoir laissée mourir de faim. Ta mère mettra cet homme dehors. Travaille, sois honnête; ce doit être une si bonne chose! Voyons, couche-toi, pauvre petite! Tiens, voilà du linge propre, tu me le renverras.

J'avais couché six nuits sans me déshabiller. Ce fut un bonheur que je ne puis dépeindre de mettre une chemise blanche et de m'étendre.

Le matin je fus bien étonnée, en me réveillant, de trouver cette femme près de moi.

Je me rappelai tout ce qui s'était passé, et je la remerciai de nouveau.

Elle me tint parole. Le matin, vers les dix heures, elle se rendit chez nous et revint me dire que ma mère n'était pas de retour.

— Ce sera donc pour demain, lui dis-je.

Elle me promit de me garder encore un jour ou deux, s'il le fallait.

Elle sortait le soir, et elle rentrait tard.

Il y avait trois jours que j'étais là. Je n'avais rien vu qui ne fût à voir.

Le troisième jour, sentant bien qu'elle ne pouvait plus me garder, elle me proposa de me conduire chez la belle-mère de maman, qui était sans doute restée à Paris pour tenir la maison meublée. J'y avais bien pensé, mais je n'avais pas osé y aller, dans la crainte de faire du tort à maman en disant ce qui s'était passé. Nous en étions peu éloignées lorsque deux hommes nous abordèrent.

— Comment vous appelez-vous? dit l'un d'eux.

Elle donna ses noms; mais elle était devenue si pâle que je crus qu'elle allait s'évanouir.

— Et celle-là, dit-il en me désignant, est-elle inscrite?

— Non, c'est une pauvre fille qui ne sait pas où est sa mère; je la cache depuis trois jours.

— Quel âge a-t-elle? reprit-il en s'approchant de moi.

— Quinze ans, répondit-elle en hésitant.

— Ah! fit-il. Eh bien! qu'elle nous suive, nous allons l'emmener; elle sera aussi bien gardée à la correction.

Ces paroles furent un coup terrible pour moi.

Elle leur dit que j'étais sage; ils se mirent à rire.

— Je suis perdue, me dit-elle à voix basse; ils vont me condamner à six mois. Cette idée la bouleversa au point qu'elle me fit mille recommandations qu'elle me suppliait de ne pas oublier; il y allait de sa liberté.

Cependant je fus un peu moins effrayée quand je vis qu'elle venait avec moi.

Mon désespoir fut affreux quand je vis qu'on me menait à la préfecture de police.

Je courus sur le pont ; je voulais me jeter à la Seine.

Ces hommes eurent pitié de moi : car ils me dirent bien doucement que je sortirais le lendemain.

Cette pauvre femme me recommanda ce qu'elle m'avait dit, et je lui promis de dire tout ce qu'elle voudrait.

Nous marchâmes sur les quais; nous arrivâmes devant une voûte; on nous fit entrer dans une grande cour.

Notre guide se dirigea vers une petite porte, à barreaux de fer, avec des carreaux dépolis derrière.

L'homme monta deux marches, prit le marteau de fer et frappa. Le coup m'avait retenti au cœur, car je me laissai tomber en arrière. On nous fit entrer dans une pièce carrée.

A l'entrée à droite, il y avait un bureau grillé; c'est là qu'on vous demandait vos noms ; à gauche, un lit de sangles, où couchait le porte-clés; au fond, des couloirs numérotés.

Les hommes qui nous avaient amenées nous quittèrent.

— Par ici, nous dit un homme qui avait une espèce d'uniforme.

Il nous mena au bout, sur la droite. Tout cela était éclairé par un quinquet.

Je vis une porte avec des verroux derrière un guichet.

L'homme l'ouvrit.

— Vous serez en compagnie, nous dit-il en refermant la porte sur nous.

Je me trouvais dans une salle énorme, qui ressemblait à un corps-de-garde, avec des lits de camp tout du long.

Les verroux crièrent; la porte s'ouvrit, et l'on appela mon nom en disant :

— Je me suis trompé. Il y en a une ici pour la petite chambre.

Je sortis; on me fit monter trois étages.

On m'ouvrit une porte et l'on me fit entrer dans ce que l'on appelle la chambre des petites filles.

Il faisait très-noir. Je crus que j'allais être seule. Le parquet était couvert de matelas; c'est tout ce que je pus voir.

J'entendis une petite voix me dire : « Tenez, voilà de la place, étendez-vous là. »

Je m'assis sans répondre. Je passai la nuit la plus affreuse qu'on puisse imaginer. Je cherchais à voir dans les ténèbres. Ma position était affreuse. Mes yeux, fatigués de ne rien distinguer, me brûlaient comme deux plaies.

J'eus des hallucinations si fortes, que je perdis la conscience de moi-même. Je pleurais et je prononçais des mots sans suite.

Quelqu'un m'attira, me prit la tête dans ses bras et me dit :

— Ne pleurez pas ainsi; demain on viendra vous réclamer. Vous avez sans doute des parents?

Je me laissai aller à ces caresses; je poussai un soupir et je me résignai à attendre le jour.

Que ce temps me parut long! Enfin, je vis à environ dix pieds de haut des raies noires se dessiner sur un bleu foncé. C'était une fenêtre de deux pieds et demi de large, sur dix-huit pouces de hauteur à peu près, garnie de barreaux de fer.

La pièce où je me trouvais était grande, quatre mètres carrés. Les murs peints à l'huile, d'une couleur claire, étaient couverts d'inscriptions faites à la pointe du couteau.

La chambre était traversée d'un tuyau de fonte servant au chauffage. Ce tuyau était à un pied du mur, au-dessous de l'ouverture qui servait de croisée. Un banc de bois composait le mobilier. Dans un coin une cruche d'eau, dans un autre, un baquet...

Le plus long temps qu'on pouvait rester au dépôt, ainsi que je l'ai su depuis, c'était huit jours.

On ne sortait pas de la chambre une seconde, et on y avait mis jusqu'à dix personnes à la fois.

Les matelas étaient faits avec de la toile à sac; les couvertures en laine brune.

J'avais trois compagnes de captivité. Je ne pus voir les deux femmes ou filles qui étaient au bout de la chambre; leurs couvertures les couvraient entièrement. Je lus en grosses lettres blanches brochées sur ma couverture : *Prison du dépôt*.

Mon cœur se serra. Je me rappelai la voix qui, quelques heures auparavant, m'avait consolée.

Je cherchai à côté de moi. A peine eus-je regardé, que j'allai m'appuyer au mur tout épouvantée.

Ce qui était à mes côtés n'avait pas forme humaine... c'était ployé en deux.

En bas paraissaient deux pieds nus, noirs comme de l'encre, les ongles longs. Ce qui servait de jupon avait dû être en laine foncée, mais c'était si couvert de boue et si rempli de trous que le bord était dentelé. Une camisole de cotonnade à fleurs, déteinte et toute déchirée dans le dos, laissait voir une loque sale, qui avait dû être une chemise. Tout cela taché de vermine.

Je me serrai au mur, en me regardant partout, et je fis ce mouvement si naturel, quand on voit quelqu'un se gratter; je me frottai les épaules à la muraille et je me figurai être dévorée.

J'ai toujours eu mauvaise tête, mais je crois que mon cœur était bon; je me souvins que cette pauvre créature m'avait dit une bonne parole.

Je m'approchai pour voir sa figure. Sa tête était reployée sur son épaule; ses cheveux châtains nuancés étaient épais et lui tombaient en désordre autour du cou et sur la joue, ce qui m'empêcha d'apercevoir son visage.

Je pris le parti d'attendre, et j'allai m'asseoir sur le banc. Je pensai à tout ce qui m'était arrivé; la douleur me reprit si fort que je m'y laissai aller en criant :

— Mon Dieu! ayez pitié de moi... mon Dieu! faites-moi mourir.

Je tombai à genoux du banc où j'étais assise, en me tordant les bras et en pleurant si haut, que mes trois compagnes se réveillèrent à la fois.

— Tiens! il fait jour, dit l'une d'elles... Ah! que

c'est bête de vous réveiller comme ça ; je dormais si bien !

L'autre répondit :

— C'est la nouvelle. Elle n'a fait que braire toute la nuit ; je n'ai pas fermé l'œil.

— Merci, dit celle qui m'avait consolée, je te conseille de dire que tu n'as pas pu dormir ; tu as ronflé comme un bourdon.

Je regardai celle qui venait de parler, et je fus bien étonnée, si étonnée, que je ne pus m'empêcher, en la regardant, de pousser une exclamation. J'avais cru que c'était un monstre d'une laideur repoussante, et je voyais une jolie figure d'enfant, pâle, mais de cette pâleur que la misère et la saleté impriment sur le visage le plus frais ; de beaux yeux, de jolies petites dents blanches ; sa poitrine découverte montrait son cou mince, bien attaché.

Elle s'assit sur son séant, en rejetant en arrière ses cheveux mêlés et frisés, et me regarda tout ébahie.

— Tiens, me dit-elle, je vous croyais couchée à côté de moi !

Pauvre enfant ! je n'osais pas lui dire pourquoi je m'étais levée.

— Je remuais beaucoup, lui dis-je ; je vous empêchais de dormir, et je me suis éloignée.

La petite secoua la tête, et, me regardant en face, elle me répondit :

— Ça n'est pas vrai, ça n'est pas pour cela. Je vous ai dégoûtée; je suis si misérable ! C'est pas ma faute...

Et, en disant cela, elle me regardait d'un air de doux reproche.

— C'est égal, vaut mieux que vous couchiez avec moi plutôt que près de Rose, qui est là dans le coin, car elle a la gale.

Je regardai Rose ; elle n'était ni bien ni mal.

Elle était habillée comme les marchandes de la halle, avec un foulard sur la tête.

Mlle Rose était petite et pouvait avoir quatorze ans.

Elle venait de se lever comme une furie, en enjambant les matelas.

Elle alla vers la petite déguenillée, et lui dit en la menaçant :

— Tu en as menti, je n'ai pas la gale : *c'est* des boutons de sang; si tu dis encore ça, je te ficherai une danse.

— Ma voisine n'eut pas l'air très-effrayée et lui répondit en se levant :

— Si tu me bats, ça m'embêtera, parce que je te toucherai, mais je tâcherai de te le rendre. Si je ne suis pas la plus forte, j'appellerai, on te mettra au cachot, et nous serons débarrassées de toi : tu feras aussi bien de te tenir tranquille avec tes boutons de sang.

Puis, elle se mit à rire comme une folle.

— C'est vrai, dit Rose ; je ne veux pas me salir à battre une mendiante.

Et elle lui tourna le dos, alla prendre un matelas, le rangea dans un coin et s'assit dessus.

La mendiante prit le sien et le porta sur l'autre. Rose se leva sans rien dire ; la paix était faite.

En revenant, la mendiante dit à celle qui était couchée au milieu :

— Lève-toi donc, le gardien va venir. Si les lits ne sont pas relevés, la couverture pliée, tu seras punie.

Celle à qui s'adressait cette parole se découvrit, étendit les bras. Je pus voir sa figure et son costume.

Elle pouvait avoir huit ou neuf ans ; sa peau était cuivrée.

Ses cheveux noirs nattés derrière. Deux velours lui faisaient le tour de la tête. Elle avait, aux oreilles, des boucles en cuivre.

Elle portait un spencer de velours de coton noir, une jupe à carreaux. Ses bottines, trop grandes pour ses pieds, étaient attachées avec des ficelles.

— Allons donc, dit en la poussant de nouveau la mendiante; lève-toi donc, tu vas nous faire punir.

— Ah! dit celle qui était couchée, je rêvais que je venais de chanter aux Champs-Élysées; je faisais *la manche*, on me donnait quarante sous.

Puis, s'appuyant sur ses mains, elle se leva.

Je vis ses bas troués. Elle était petite, et toute en taille.

Elle porta son lit sur les autres. Tous les matelas rangés en pile faisaient de la place, et servaient, dans le jour, à s'asseoir. La chanteuse se mit dessus avec Rose.

La mendiante vint s'asseoir sur mon banc, mais au bout.

Je m'approchai un peu. J'allais lui parler, quand le guichet de notre porte s'ouvrit, et une voix, brutale sans nécessité, se fit entendre.

— Vos lits sont-ils relevés, que je balaye?...

— Oui, dit ma voisine.

La porte s'ouvrit; un homme entra, prit le baquet et l'emporta.

Le gardien resta à la porte, et dit en regardant de mon côté :

— Qui est-ce qui a donc pleurniché toute la nuit ?...

— Tiens ! voilà qu'on ne peut plus pleurer en prison à *c't heure?* répondit la mendiante. Vous croyez peut-être que c'est amusant?... Avec ça que vous êtes si aimable... on ne peut pas même vous demander l'heure.

— Ça ne t'empêche pas de revenir, vagabonde ! répondit le geôlier, se rangeant pour laisser passer l'homme et le baquet.

— Ce n'est pas ma faute si je reviens.

Le geôlier ne répondit plus, car il vit bien qu'il n'aurait pas le dernier.

La chambre balayée, ils sortirent. La mendiante leur cria :

— Envoyez-nous la soupe.

Cette insouciance me paraissait surnaturelle. On sortait donc de cette prison, puisqu'elle y était revenue.

Mais comment, quand on en était revenu, pouvait-on se mettre dans le cas d'y rentrer ?

Je demandai à ma voisine :

— Pourquoi donc êtes-vous ici ?

— Parce que j'ai mendié.

— Pourquoi avez-vous mendié ?

Je crois que ma demande lui parut étrange, et

qu'elle eut envie de me rire au nez; mais j'étais si triste, qu'elle n'en eut pas le courage sans doute. Elle me dit :

— Dame! pour manger.

— Vous n'avez donc ni père ni mère ?

— Oh! j'ai maman... Mon père était couvreur; il s'est tué en travaillant, il y a cinq ans. Nous sommes cinq enfants, je suis la plus vieille. Maman raccommodait des bas, quand on lui en donnait. Alors, moi et mon frère, un jour qu'il n'y avait pas de pain à la maison, et que nous avions faim, nous sommes partis sans rien dire et nous avons demandé chacun de notre côté!... Le soir, j'avais quinze sous, mon frère neuf, et je suis bien sûre qu'il avait fait comme moi, qu'il avait mangé des gâteaux. Maman nourrissait ma dernière petite sœur; elle était bien fatiguée, à force de se priver pour nous. Quand nous lui avons dit d'où venait cet argent, elle a voulu se fâcher. J'ai été acheter du pain, du lait, et du sucre pour ma petite sœur; elle s'est mise à pleurer et ne m'a pas grondée! Je recommençai le lendemain. Cela m'amusait beaucoup; j'avais toujours plus que mon frère. Un jour, je me suis adressée à un monsieur, qui m'a amenée ici; j'y suis restée huit jours. Maman est venue me chercher. On a vu qu'elle était bien malheureuse; on lui a promis des secours et on m'a laissé partir. On nous donnait un pain par semaine ; c'est pas beaucoup pour six. Je recommençai à demander. J'ai rencontré le monsieur qui m'avait amenée ici ; il a fait semblant de ne pas me voir. Un autre m'a vue et m'a arrêtée, il y a deux jours. On m'a dit que c'était la seconde fois; qu'on ne me rendrait plus; qu'on m'enverrait à la correction. Tant mieux! j'apprendrai à lire et à travailler ; sans cela, je mendierais toujours.

... Et vous, me dit-elle, qu'est-ce que vous avez donc fait?...

— Moi, lui dis-je, je n'en sais rien.

— C'est comme moi, dit la chanteuse, qui se mêla à la conversation. Je pince de la guitare devant les cafés. Nous nous étions mis plusieurs ensemble : un joueur de vielle, une femme qui jouait de la harpe et un violoniste. Celui-là gardait tout l'argent et je travaillais pour rien ; ça m'ennuyait et je les ai quittés. Il y a trois jours, je m'arrêtai dans les Champs-Élysées devant un café ; deux messieurs me firent monter dans leur cabinet pour chanter, et on m'a arrêtée pour ça.

Cette fille avait neuf ans; elle mentait avec un aplomb incroyable : elle était perdue depuis deux ans. Elle quitta le dépôt pour aller dans un hôpital.

— Oh! dit celle qu'on appelait Rose, si on t'envoyait à la correction, toi, tu ne l'aurais pas volé! Tu sais bien que je vends des bouquets aux Champs-Élysées; c'est pas à moi que tu peux en conter. Avec ça que Jules ne te voyait pas, le soir, quand il attendait que j'eusse vendu mes fleurs.

— Ah! dit la chanteuse, parles-en de ton ami Jules... c'est un petit voleur qui me courait toujours après pour avoir mon argent... On vous a arrêtés dans le même garni; ça n'arrangera pas tes affaires à toi : on vous enverra guérir votre gale chacun de votre côté, car il l'a aussi ta maladie de sang; je l'ai assez vu se gratter.

Mlle Rose n'était pas heureuse dans ses tentatives de conversation; elle se tut.

On apportait le pain; c'était une boule ronde, noire, recouverte de son; on pouvait faire avec la mie toute espèce de choses, comme avec du mastic.

Le guichet s'ouvrit et on cria :

— Le marchand! Qui est-ce qui veut acheter quelque chose?

Rose demanda du pain blanc et un saucisson; la chanteuse prit aussi du pain et du papier pour écrire; la mendiante me regarda en ayant l'air de me dire :

— Vous n'avez donc pas d'argent, vous?

Puis, quittant sa place, elle alla cabrioler autour des provisions; la chanteuse lui donna la moitié de son pain.

— Allons, lui dit Rose, coupe un peu de mon saucisson, avant que je n'y touche, mauvaise teigne, et tâche un peu de dire que j'ai la gale!

La mendiante lui en prit la moitié et lui dit :

— Donne-moi un peu de ton pain.

Elle revint sur mon banc et me tendant la moitié de ce qu'elle avait, elle me dit :

— C'est pour nous deux.

Mon premier mouvement fut de repousser sa main, mais elle parut si triste de mon refus, que je pris la moitié de son pain. J'étais tout attendrie! j'avais envie de l'embrasser... Je cherchais ce que je pourrais lui donner... malheureusement, je n'avais rien. Il me vint une idée! Je me levai, j'ôtai mon jupon de couleur; je l'avais fait avec une robe de mérinos. Il était bien propre, et comme ma robe était doublée, je pouvais à la rigueur m'en passer; je le lui donnai. Elle était plus petite que moi; mon jupon descendait assez bas pour cacher ses pieds nus. Elle sauta de joie.

— Elle étrenne toujours, dit la chanteuse...

Rose défit un petit paquet et lui jeta un madras à carreaux.

— Tiens, lave-le si tu as peur, et cache ton cou.

Le madras était propre; elle le mit de suite, sans penser à dire merci.

J'étais arrivée dans la nuit. On vint me chercher pour m'interroger.

— Adieu, me dit la mendiante; vous ne reviendrez peut-être pas, si votre mère est là.

Je savais qu'elle ne pouvait pas y être; que probablement elle n'était pas à Paris; que, dans tous les cas, elle n'était pas prévenue. Cependant j'espérais : on espère toujours quand on désire.

On me fit descendre l'escalier que j'avais monté pendant la nuit; je reconnus en bas la porte par laquelle j'étais entrée, le vestibule où j'avais attendu.

Il y avait deux gardes municipaux et trois femmes; on me rangea près d'elles.

— Vous allez en conduire six, dit le gardien.

— Oui, fit le garde.

Je m'approchai de lui et je lui demandai :

— Est-ce moi que vous allez emmener, monsieur? Où donc allez-vous me conduire?...

Il se mit à rire sans répondre.

Je m'adressai à une des trois femmes.

— Chez le médecin, me répondit-elle brutalement.

Je regardai cette femme et ses deux compagnes. L'une avait des cheveux gris ébouriffés, sortant de dessous un mouchoir mal attaché; elle prenait du tabac et sentait l'eau-de-vie. L'autre, qui disait qu'elle aimerait mieux être à la barrière de l'École que là, avait une robe rouge et verte et un bonnet couvert de fleurs. Celle qui m'avait répondu pouvait avoir trente ans; elle avait dû être assez jolie; sa mise était décente et élégante. Je ne comprenais pas pourquoi elle se trouvait avec ces femmes qui me faisaient horreur.

En ce moment, le gardien sortit de la salle du rez-de-chaussée, où j'avais passé quelques instants la veille; deux autres femmes le suivaient. Je reconnus celle avec laquelle on m'avait arrêtée. J'allais me diriger vers elle, quand je la vis regarder d'un autre côté; je compris qu'il ne fallait pas lui parler là. J'attendis.

On nous mit en rang: un garde devant, l'autre derrière, et l'on nous fit sortir.

La porte était pleine de monde, hommes et femmes; ils attendaient sans doute le passage de ceux qu'ils connaissaient.

Je ne puis vous dire ce que je souffris à cette vue. L'idée de passer dans cette cour, avec des gardes municipaux, comme des malfaiteurs, d'entendre insulter ces femmes, de m'entendre insulter moi-même, me faisait mourir de honte; je cachais ma tête dans mes mains, ce qui attira les railleries sur moi plus que sur les autres. J'entendais :

— Tiens, elle est laide, celle-là; elle cache sa figure.

Je pleurais; Thérèse me dit tout bas :

— Ne pleure pas, réponds ce que je t'ai dit à M. Régnier, et il te renverra chez ta mère.

Nous avions traversé les cours; nous étions rue de Jérusalem. Il y avait une bande de femmes accompagnées de gardes municipaux qui sortaient d'une allée; nous attendîmes qu'elles fussent sorties pour entrer. On nous fit monter deux étages et on nous introduisit dans une chambre où il y avait encore d'autres femmes. Cette pièce était nue : les quatre murs avec des bancs tout autour; la fenêtre donnait sur une cour sombre. Thérèse vint s'asseoir près de moi.

— Allons donc, me dit-elle, un peu de courage. Comment étais-tu là-haut? Tu n'avais pas d'argent. Tiens, voilà trois francs; car, si tu y retournes, tu ne pourras manger le pain de la maison. Si je sors, ce que j'espère, j'irai chez toi demander ta mère ou m'informer de son adresse là-bas; si malheureusement je suis condamnée à un mois ou deux, et que tu sortes de suite, ce qui n'est guère probable... — je ne veux pas te faire peur, reprit-elle en me voyant pâlir, mais il y a des formalités, et on ne met en liberté qu'entre les mains des parents, — cela ne peut durer plus de huit jours.

— Huit jours ! m'écriai-je, mais je serai morte dans huit jours. Si on me conduit encore dans cette maison d'où je sors, je me tuerai.

— Tais-toi, on nous écoute. Si tu pleures ainsi, on va nous séparer : je ne pourrai plus te parler.

On appelait en ce moment deux noms. Je regardai ce mélange de douleurs et de joie, de larmes et de gaieté. Les unes rentraient en riant.

— Je suis acquittée !

— Je pars ce soir !

Elles prenaient les commissions des autres qui revenaient en pleurant.

— Je serai transférée demain ; j'en ai pour deux mois.

J'en vois encore une, pâle, abattue, qui disait à une de ses amies :

— Je suis malade, je vais à l'hôpital.

De vieilles misérables regardaient tout cela sans émotion, sans repentir ni pitié. Les plus jeunes parmi celles qui pleuraient demandaient pardon à Dieu de leur chute et lui promettaient de se repentir. Je ne sais si quelques-unes tinrent parole ; mais à coup sûr, en ce moment, elles étaient sincères.

Des éclats de rire répondaient à des plaintes, à des jurons, à des mots tellement cyniques, que le garde menaça celles qui les proféraient de les faire consigner au cachot, si elles continuaient.

Deux de ces femmes étaient ivres, et ne paraissaient pas vouloir céder. On vint appeler Thérèse. Je me levai en joignant les mains pour qu'on me laissât sortir avec elle ; elle me fit un signe de tête et d'épaule, qui voulait dire : Je suis prisonnière moi-même ; je ne puis pas t'emmener. Je retombai sur mon banc, n'entendant plus rien qu'un bruit confus. La porte se rouvrit sans que j'y prisse garde. On prononçait mon nom ; on faisait rentrer Thérèse et on disait : « La petite avant. »

— Va, me dit-elle, en m'aidant à me lever.

Sortir d'une prison pour entrer dans une autre prison vous semble faire un pas vers la liberté. Je courus vers la porte.

— Là, la belle, pas si vite, me dit le gardien en me retenant par le bras. Attendez qu'on sorte.

Nous étions dans un bureau qui servait d'antichambre.

On sonna de la pièce voisine, et on me fit entrer dans une chambre où il y avait beaucoup de cartons et un grand bureau. Un homme était assis derrière ; je n'osais faire un pas vers lui. Il me dit sans relever la tête :

— Avancez donc !

Sa voix me fit trembler comme la feuille ; mes dents claquaient si fort qu'il l'entendit et me dit :

— Voyons, ne faites pas la bête et répondez ; je n'ai pas de temps à perdre.

Ce fut bien pis. Il me demanda deux fois mon nom sans que je pusse lui répondre ; il se décida à me regarder, et voyant sans doute que je n'étais véritablement pas en état de parler, il me dit plus doucement :

— Remettez-vous... On vous a arrêtée hier avec une mauvaise femme qui vous donnait asile pour vous perdre. Que vous a-t-elle conseillé ? qu'avez-vous vu chez elle ? Dites-moi toute la vérité ; c'est le seul moyen d'obtenir votre liberté.

J'avais pris le dessus, en songeant à cette pauvre fille, qui, je le voyais bien, s'était compromise par son bon cœur, et je répondis d'une voix ferme qui contrastait singulièrement avec l'émotion que j'avais eue en entrant.

Il me regarda d'un air méfiant.

— Est-ce que vous étiez en état de vagabondage quand elle vous a trouvée? Pourquoi ne rentriez-vous pas chez votre mère?

Il me regarda comme s'il eût voulu lire au fond de mon âme ; il paraît que cet examen fut en ma faveur, car il reprit :

— Mais, ma pauvre enfant, si votre mère n'est pas à Paris, je vais être obligé de vous garder jusqu'à ce qu'elle arrive. Au lieu d'écrire par la poste, je vais envoyer un agent.

Il sonna et l'on vint me chercher ; Thérèse m'attendait avec impatience.

— Eh bien! me dit-elle, que s'est-il passé ?...

— Je suis obligée d'attendre ma mère ici, lui répondis-je, distraite et ne comprenant pas la portée de sa question.

Mais ma distraction ne fut pas de longue durée.

— Ah ! pardon, lui dis-je, j'oubliais que vous aussi, votre sort est en suspens ; j'espère que vous allez sortir de suite.

J'allai m'asseoir au fond de la salle, appuyant ma tête sur le mur. Ma pauvre tête était si lourde, que je ne pouvais plus la soutenir...

On vint appeler Thérèse. Je lui serrai la main. Tant d'émotions m'avaient anéantie ; je ne pouvais plus dire un mot.

Elle revint toute joyeuse ; elle allait sortir. Cette pensée me réveilla. Je la regardais avec envie :

elle était libre, et moi je restais. Qu'avais-je fait ! pourquoi ne m'avait-elle pas laissée où elle m'avait rencontrée ? Une autre m'aurait recueillie, que je n'aurais pas fait mettre en prison. Je me laissai entraîner à lui adresser des reproches.

Elle donna le temps à mon cœur de se dégonfler, puis elle reprit :

— C'est mal ce que vous me dites là ; je l'ai fait pour un bien. J'en suis plus fâchée que vous.

Elle avait raison ; j'étais injuste.

— J'ai tort, lui dis-je, mais je suis si malheureuse ! Ma mère me croira-t-elle ? cet homme lui tourne la tête.

— Rassure-toi, je la verrai.

On fit l'appel, et nous, nous rentrâmes au dépôt, d'où l'on mettait en liberté.

Quand nous repassâmes par cette porte maudite et que je l'entendis se refermer derrière moi, il me sembla que mon cœur venait de s'écraser entre les gonds.

Toutes ces femmes prirent des chemins différents ; je montai seule l'escalier.

On m'attendait en haut. Quand on m'eut ouvert la porte, ma mendiante vint au-devant de moi en riant.

— Ah! vous voilà; tant mieux! J'avais peur d'apprendre que vous étiez partie.

Cela était très-aimable, sans doute, mais je n'y pris pas garde.

Elle me fit un tas de questions; je ne répondais pas; elle s'éloigna en me disant :

— Comme vous êtes fière!

Je la rappelai.

— Non, lui dis-je, je ne suis pas fière, mais j'ai beaucoup de chagrin; tu es si jeune, toi, tu ne comprends pas cela.

Elle pensait déjà à autre chose.

— Il y en a des nouvelles, arrivées pendant que vous étiez là-bas. La chanteuse est partie.

Je regardai sur les matelas, et je vis deux enfants qui dormaient ou essayaient de dormir.

— Sais-tu pourquoi on les a amenés ici?

— Non. Je le leur ai demandé, mais elles ne m'ont pas répondu. La grande a l'air méchant.

La porte s'ouvrit; on appela Céleste. Je crus qu'on venait me chercher; je courus à la porte. On me remit un paquet et un morceau de papier; je lus :

« Ma chère Céleste, ne vous faites pas de chagrin; je vais aller voir votre mère. Je vous envoie un peigne, du savon, une serviette, un foulard.

Je pars, mais je ne vous oublierai pas; je regrette bien d'être ce que je suis. Vous aurez bientôt de mes nouvelles.

» THÉRÈSE. »

La nuit venait : on arrangea les matelas en lit de camp, par terre.

La mendiante fit un lit à part et me dit :

— C'est pour vous, celui-là.

Les deux nouvelles se mirent à se quereller. — C'étaient les deux sœurs.

— C'est ta faute, disait l'une, je t'avais dit de te méfier; mais il faut toujours que tu joues.

— Non, c'est pas ma faute, répondait la petite; la dame avait fait deux tours au bâton de la chaise avec les cordons de son sac; j'ai cru qu'il ne tenait pas. La chaise a remué; la vieille s'est réveillée. Je t'ai porté le sac; elle m'a laissé faire et elle nous a fait arrêter. Est-ce que c'est ma faute à moi !...

— Fais bien attention de dire que tu l'avais ramassé par terre; si tu dis autrement, tu verras!

— Mais si la dame dit que je le lui ai pris...

— Tu diras que c'est pas vrai, et si tu dis que c'est moi qui t'ai dit de voler, tu auras affaire à moi quand nous sortirons.

Et, en prononçant ces mots, elle marchait sur elle.

La petite reculait, et vint presque dans mes jambes; je la fis passer derrière moi, et dis à sa sœur, qui était une petite brune, aux yeux noirs et ronds, au nez retroussé :

— Laissez donc cette petite; n'allez-vous pas la battre, maintenant? Elle fera bien de dire la vérité. Vous êtes plus coupable qu'elle; c'est vous la plus âgée, et vous lui avez conseillé de mal faire.

Elle se mit à m'agonir d'injures et voulut passer malgré moi.

Je n'ai jamais été endurante et j'ai toujours été forte : d'une poussée, je l'envoyai rouler au bout de la chambre.

Heureusement pour elle, les matelas étaient étalés; elle revint à la charge, furieuse, disant qu'elle me donnerait un coup de couteau: une vraie furie.

— Essaye, lui dit ma mendiante; je vais appeler, et je dirai pourquoi tu veux nous battre.

Cette menace l'intimida; elle se tourna vers sa sœur, et lui montrant le poing :

— C'est toi qui payeras pour les autres!

— Je sais bien, répondait la petite, tu veux me pincer; mais je n'irai pas près de toi.

Et elle se coucha sur mon lit.

Je restai là six jours et six nuits, sans une nouvelle, sans un mot ; j'avais épuisé tout mon courage ; je n'avais plus rien à me dire pour me consoler.

On m'avait définitivement abandonnée : j'allais aller dans une maison de correction.

Le lendemain, on vint nous chercher toutes les quatre. On nous dit de prendre toutes nos afaires, que nous quittions le dépôt.

Nous descendîmes dans le vestibule ; on fit l'appel ; nous étions onze.

— Les corrections d'abord, dit le gardien, et on nous fit sortir toutes les quatre.

Je vis une grande voiture, comme un omnibus, mais grillagée partout.

Je reculai en arrière, et je criai :

— Je ne veux pas aller là-dedans.

Quelqu'un me tira par ma robe : c'était Thérèse qui, blottie dans un coin de l'escalier, guettait ma sortie.

— Oh! lui dis-je, vous n'avez donc pas vu ma mère ?...

— Non, elle n'est pas revenue ; je n'ai pas pu vous écrire : on ne reçoit pas de lettres pour les corrections. Ayez de la patience, je ne vous oublie pas. Cet homme sait où vous êtes ; je le lui ai dit. Il n'a pas voulu me donner l'adresse de votre mère; mais je guette son retour.

Les femmes sortaient; elle se sauva.

— Eh bien, dit le geôlier au garde municipal, pourquoi laissez-vous causer les prisonnières?

— Bah! dirait-on pas des prisonniers d'État?

— Vous plaisantez! j'aimerais mieux des conspirateurs que ces femmes; il y en a de bien coquines!

— Pas celle-là toujours, dit le garde en me montrant.

— Bah! c'est du bois avec lequel on en fait. Allons, en voiture...

Et il me poussa pour monter.

Je fus épouvantée de me voir dans cette espèce de cage en fer; je voulais me jeter en bas.

— Je ne veux pas rester là-dedans! criai-je...

Et je me débattais entre cinq ou six femmes.

— Si vous n'êtes pas tranquille, je vais vous recommander pour le cachot, disait le gardien.

— Monsieur, lui criai-je plus fort, ayez pitié de moi. Gardez-moi encore un jour; ma mère reviendra demain. Je n'ai pas volé. Je vous en supplie, laissez-moi descendre!

J'étais tombée sur mes genoux; j'étendais les

bras vers cet homme, qui poussa la porte en disant :

— C'est pas à la correction qu'il faut la mener, c'est à Charenton.

La voiture se mit en mouvement. Je perdis tout espoir ; je me laissai rouler sous les pieds des autres. Je sentis qu'on me relevait et qu'on cherchait à m'asseoir ; je me laissai faire, sans penser à rien, puis, ouvrant les yeux, je me mis à pleurer.

— Pleure, me disait ma petite Rosalie, la mendiante s'appelait Rosalie, pleure, ça te soulagera.

J'avais passé quelques jours à la peigner, à la faire se laver ; elle était gentille et bonne. Je ne l'avais pas encore vue dans la voiture ; sa présence me fit du bien et je l'embrassai à l'étouffer.

La voiture s'arrêta ; nous entendîmes crier :

— La porte, s'il vous plaît !

Nous entrions à Saint-Lazare !

VII

DENISE.

Il y eut un temps d'arrêt. La porte s'ouvrit; nous entrâmes sous une voûte. Le bruit des roues produisit un roulement lugubre. La respiration me manqua. La voiture me passant sur la poitrine ne m'eût pas fait plus de mal. Les portes se refermèrent sur moi.

J'entendis une voix crier :

— Voilà le panier à salade, venez donc voir les nouvelles. Y en a-t-il beaucoup?

Une autre voix, celle de notre conducteur, sans doute, répondit :

— Ma foi, je suis complet.

On nous fit descendre. Un homme vint au-devant de nous; on lui remit une feuille.

— Ah! dit-il, il y a des corrections. Où sont les voleuses?

L'idée qu'on pouvait me confondre avec elles me fit regarder les deux sœurs, comme si je voulais les désigner.

— Allons, suivez-moi.

Nous traversâmes des grilles, des cours, des couloirs, et nous montâmes dans une grande salle où on nous laissa.

Il y avait une double grille au milieu de cette pièce; deux pieds d'intervalle séparaient chaque grille : c'était un parloir où on ne pouvait causer qu'à distance.

Les femmes condamnées ne savaient pas encore le temps qu'elles avaient à faire; leurs inquiétudes à cet égard avaient un caractère bien différent. L'une d'elles disait :

— Pourvu que je n'aie qu'un mois! Je me suis battue avec mon homme chez un marchand de vins. Un sergent de ville s'est trouvé là; c'est pas ma faute.

— Ah! murmurait une vieille, qui était assise sur un banc, je n'ai qu'une peur, moi, c'est qu'on ne m'en mette pas assez. Il n'y a que huit jours que je suis sortie ; je n'ai pas d'asile ; je ne suis heureuse qu'à Saint-Lazare.

J'eus malgré moi un frisson à l'idée qu'on pouvait aimer une prison.

Je demandai à une femme qui était près de moi :

— Savez-vous, madame, quand on vous envoie à la correction, combien de temps on vous y laisse ?

— Ça dépend de l'âge que vous avez : on peut vous garder jusqu'à vingt et un ans.

— Six ans ici ! m'écriai-je... Ah ! vous dites cela pour me faire peur ! N'est-ce pas qu'on n'a pas le droit de me garder six ans malgré moi ?...

Je m'étais adressée à une fille de la Cité, à une de ces femmes immondes, sans cœur, sans âme, qui insultent le malheur, qui ne viennent jamais en aide à la misère, qui blasphèment à chaque instant, qui se font une gloire de leurs vices.

Ces femmes se disent l'une à l'autre : J'ai bu une bouteille d'eau-de-vie ! j'ai donné ou reçu tant de coups de couteau ! j'ai pour amant un voleur célèbre. Celle qui peut se vanter de cela est admirée des autres. Ces femmes se coiffent d'un foulard sur l'oreille : elles ont des signes de ralliement. Elles sont la terreur des inspecteurs ; car, lorsqu'elles sont en contravention, elles se défendent. Il y a souvent entre elles et les gardiens des rixes fort dangereuses.

C'est à une de ces créatures que je m'étais adressée, aussi prit-elle plaisir à me faire souffrir.

— Toutes ces petites coureuses-là, dit-elle à haute voix, ça nous fait du tort; je ne serais pas fâchée qu'on les tînt en cage. T'es sûre de ton affaire, va! tu ne rigoleras pas de sitôt! Quand j'en connais, moi, je les fais pincer.

Je me mis à pleurer; elle se mit à chanter :

<blockquote>
Y a pas de plaisir sans peine,
La faridondaine.
</blockquote>

— Pleure pas, la môme, disait une autre : « Un plan se tire, une boule de son se mange[1]. »

Heureusement que l'on vint nous appeler, car j'allais répondre quelque impertinence et je me serais fait une méchante affaire.

La nuit était venue. L'homme qui entra leva sa lumière pour nous voir, et reconnaissant plusieurs figures :

— Oh! dit-il, voilà des abonnées!

On nous conduisit dans un bureau; on appela chaque nom l'un après l'autre.

— La Huche!

[1] Une punition se fait, un pain bis se mange.

La femme qui m'avait fait tant de mal avança, la tête haute, le poing sur la hanche.

L'homme lisait sur une feuille :

« La fille la Huche, pour s'être battue sur la voie publique, trois mois. »

Elle courut sur le gardien, les poings fermés, en l'agonisant d'injures. Les garçons de salle l'emmenèrent ; elle écumait.

On entendit pendant plusieurs secondes des jurons affreux.

— Huit jours de cachot, dit, en écrivant au bas de la feuille, le gardien encore tout pâle de la secousse qu'il venait de recevoir.

On lut ainsi la feuille de chacune. Le tour des deux sœurs arriva.

« Les filles Thion! pour avoir volé le sac d'une dame aux Champs-Élysées, trois ans de correction. »

— Emmenez-les aux petites jugées.

Il ne restait que moi et la mendiante. J'attendais ; j'espérais qu'on allait me fixer une époque.

— Laquelle de vous deux s'appelle Céleste?

— Moi, monsieur, lui dis-je en m'avançant près de la lumière.

— Vous n'êtes jamais venue ici ?

— Non, monsieur.

— Vous n'avez jamais été arrêtée ?

— Non, monsieur.

— Conduisez ces deux-ci aux insoumises, dit-il en nous montrant au garçon. Vous recommanderez la fille Céleste.

Puis il ajouta, comme s'il se parlait à lui-même :

— C'est bien inutile ; au milieu de tous ces sujets, si elle n'est perdue qu'à moitié, elle se perdra tout-à-fait.

Nous fîmes beaucoup de détours pour arriver dans un énorme couloir. Il y avait de petites portes numérotées tout du long de ce couloir, à droite et à gauche. Vers le milieu, on nous dit de nous arrêter ; on ouvrit deux de ces portes et on nous fit entrer chacune dans une cellule.

J'avançai à tâtons : je trouvai un lit en fer ; je m'assis dessus et je finis par m'endormir tout habillée.

Le jour commençait à peine, que je fus réveillée par quelqu'un qui causait à demi-voix au pied de mon lit.

Il y avait à chaque cellule une grande fenêtre carrée, sans carreaux, avec une grille en treillage; cette fenêtre donnait sur le couloir. C'est dans ce couloir que l'on causait.

— Allez-vous-en donc, disait une voix ; vous savez bien qu'il est défendu de parler aux insoumises. Si vous voulez faire un mois de plus, à votre aise.

Profond silence ! Je ne me rendormis plus. On sonna une cloche. Ma porte s'ouvrit et une femme entra, chargée d'effets.

Elle me dit de me déshabiller, et me fit mettre les chemises de la maison. Il y avait écrit devant sur la poitrine : *Prison de Saint-Lazare.* Je mis la main dessous pour empêcher la chemise de toucher ma peau en cet endroit. Il me semblait que l'inscription allait s'imprimer sur mon corps.

— Étendez les bras que je vous essaye une robe.

Et elle me mit une espèce de sac en bure grise, un tablier bleu à mille raies, un bonnet de laine noire à trois pièces, sans dentelle, un fichu de coton à fleurs ; n'ayant pas de sabots à mes pieds, elle me permit de garder mes souliers.

Je vis plusieurs têtes, coiffées comme moi, qui guettaient à la porte pour me voir. C'est toujours comme cela quand il arrive une nouvelle.

Une, plus hardie que les autres, poussa ma porte et me dit :

— Vous pouvez sortir, la cloche est sonnée ; si vous voulez, je vais vous conduire au réfectoire.

— De l'ordre et en rang !

Toutes se mirent deux par deux. On me plaça la dernière avec une jeune fille de ma taille.

Nous montâmes dans ce qu'on appelait le réfectoire. Il y avait trois tables très-longues, avec des bancs de bois de chaque côté.

On dit une prière en commun, puis on nous donna de la soupe. Toutes eurent fini en même temps.

On passa dans une classe disposée pour qu'on pût y prendre des leçons d'écriture, de musique vocale et de calcul. Cela durait deux heures.

On se rendait ensuite dans un atelier; chacune allait prendre sa place. On brodait des crêpes de Chine.

Il y avait entre les deux fenêtres un bureau élevé, où se tenait la sous-maîtresse, Mlle Bénard. C'était une femme d'environ trente ans, d'un extérieur agréable.

Elle nous fit approcher pour nous indiquer des places, et elle m'adressa quelques paroles bienveillantes. Je la pris tout de suite en amitié; c'était une excellente personne, trop douce, trop bonne pour les diables qu'elle avait à diriger.

A midi, on faisait un second déjeuner, puis on descendait à la récréation, dans une espèce d'enclos, sans arbres, sans fleurs; des murs tout autour de cinquante pieds de haut.

On jouait à toutes sortes de jeux. Les plus grandes étaient deux par deux et ne parlaient que très-peu aux plus petites. Elles s'aimaient au point d'être jalouses de l'amitié des autres.

Il y avait une nommée Denise, qui dès le premier jour s'était attachée à moi. Elle me faisait de petits cadeaux ; tantôt une aiguille, tantôt des plumes ; elle n'était pas chiche de compliments.

Un jour sa camarade en prit tant de jalousie qu'elle me fit une scène. Mlle Bénard me pria de ne plus lui parler.

Elle m'écrivait. Un jour on trouva une de ses lettres ; on la mit *au séparé*. Quand elle sortit, au bout de huit jours, elle vint à mon métier, m'embrassa et me dit :

— On peut me mettre *au séparé* [1], au cachot, toute ma vie, cela ne m'empêchera pas de t'aimer toujours.

Mlle Bénard me gronda de m'être laissé ainsi embrasser.

Je lui répondis que je ne pouvais pas empêcher qu'on eût de l'amitié pour moi.

C'était un vrai garçon pour le caractère que cette Denise. Sa figure était franche, hardie ; rien ne lui faisait peur. Quand on la punissait, elle

---

[1] Petite chambre dont la fenêtre est condamnée, où l'on ne voit personne, pas même la gardienne.

chantait. C'était un diable. Elle n'était pas méchante, mais indomptable. Comme on lui défendait de me parler en cachette, elle me donnait des rendez-vous ; elle avait toujours quelque chose à me dire. Elle était si affectueuse pour moi, que je m'étais attachée à elle, et au lieu d'éviter les occasions de la voir, je les cherchais.

Ce fut à mon tour, quand elle parlait aux autres, d'avoir du chagrin ; je la boudais.

Elle m'envoyait alors des dessins charmants qu'elle faisait elle-même, avec les soies plates de toutes couleurs qui servaient à broder les châles, ou faisait sur du papier blanc des fleurs, des oiseaux, et on s'envoyait cela les unes aux autres. La sous-maîtresse n'y voyait rien.

Quand le soir les autres allaient jouer, après le travail, j'allais m'asseoir auprès d'une fenêtre, non pour voir dans la rue, cela n'était pas possible, il y avait en dehors un auvent formant en haut un soupirail par où nous venait le jour, mais pour entendre passer les voitures, pour entendre crier les marchands.

Les Normands qui vendent de la romaine dans des hottes me paraissaient si heureux d'être libres ! J'aurais donné dix ans de ma vie pour sortir une journée.

Denise venait près de moi et me disait :

— Ingrate! Tu voudrais partir! me quitter. Qu'est-ce que ça te fait que je reste ici.

Puis elle pleurait.

— C'est vrai, je voudrais partir. Je tâcherai de vous aider à sortir.

— Oh! moi, il n'y a rien à faire. J'ai encore six mois; je veux me faire inscrire. Il faut avoir seize ans; si on ne te réclame pas, tu feras comme moi. Je connais de belles maisons, où l'on nous donnerait beaucoup d'argent.

Et elle me donna l'adresse de celle où elle voulait aller.

Je n'y pris pas garde... alors.

Elle me la répéta pourtant vingt fois.

— Tu viendras me voir, n'est-ce pas? me disait-elle.

Elle était si pressante que je le lui promis.

Pourtant je lui dis de renoncer à cette idée; que cette existence était la plus malheureuse du monde. Je pensais à Thérèse.

— C'est une erreur, me dit-elle. Tu n'as vu que la basse classe de ces femmes, les laides ou les sottes. Mais j'en ai connu, moi, qui se sont fait une petite fortune, qui ont de beaux appartements, des bijoux, des voitures; qui ne sont en relations qu'avec des gens de la plus haute société. Si j'étais aussi jolie que toi, j'aurais bien vite fait mon affaire. Tu seras bien avancée de te marier à un ouvrier qui te battra peut-être, ou bien te fera travailler pour deux. Et puis tu es venue ici ; tu auras beau faire, on le saura et on te le reprochera.

— Je ne crains pas cela ; je n'ai pas fait de mal.

Elle se mit à rire et me dit :

— Comment le prouveras-tu ?

Je n'eus rien à répondre.

Elle reprit.

— C'est égal, quoi que tu fasses, viens me voir quand nous serons sorties. Je ne veux pas faire comme ces éhontées qui vont, le nez au vent, montrer ce qu'elles font à mille personnes, se faire connaître de tout Paris. Je resterai dans un salon, je mettrai de l'argent de côté, puis après je vivrai à ma manière. Tu viendras avec moi si tu veux.

L'heure de rentrer au dortoir était arrivée ; nous descendîmes doucement.

Tout ce qu'elle venait de me dire me dansa dans la tête toute la nuit. Je me voyais riche, couverte de bijoux, de dentelles. Je regardai dans mon petit morceau de miroir ; j'étais vraiment jolie, et pourtant le costume n'était pas avantageux.

Puis, tout d'un coup je fus honteuse de la pensée que je venais d'avoir.

C'était un dimanche. Nous allâmes comme de coutume à la messe. Toutes les sections de Saint-Lazare y étaient, mais séparées avec la plus grande précaution.

La chapelle était faite à peu près comme la salle du théâtre Chantereine. Il y avait de chaque côté de l'autel un escalier qui conduisait à une galerie grillée. D'un côté étaient les petites voleuses, qu'on appelait les petites jugées; de l'autre côté, où j'étais, les insoumises.

Il existait entre les jugées et les insoumises une grande distinction; elles avaient le plus profond mépris les unes pour les autres. La surveillance était extrême. Les colonnes ne sortaient que les unes après les autres, pour qu'on ne pût pas se rencontrer. Toute correspondance était punie sévèrement.

Le bas de la salle était également disposé comme un théâtre. Il y avait des séparations, comme stalles d'orchestre, orchestre, parterre.

Les corrections entraient toujours les premières et sortaient les dernières. Denise, placée derrière moi, me donnait des détails sur tout ce qui entrait.

— Tiens, vois-tu celles qui entrent là et qu'on

place en premier, ce sont les adultères et les *batteries* [1]. Celles que l'on place de l'autre côté sont les *préventions* [2]. Il y en a qui sont là depuis six mois. Elles seront peut-être acquittées, mais elles n'en auront pas moins fait six mois.

Une troisième colonne entra et fut placée derrière les premières.

— Celles-là, me dit-elle, regarde-les bien pour t'en méfier plus tard, si tu les rencontres. Ce sont des voleuses... quand elles ne sont condamnées qu'à un certain temps, on les garde ici.

Tout cela était entré doucement, avec assez de recueillement ; mais bientôt on entendit du bruit. Une masse de femmes se précipitait dans le fond, dans la partie que j'ai comparée au parterre. Elles se bousculaient les unes sur les autres. Elles tâchaient d'être sur les premiers bancs, peut-être pour mieux entendre la messe, mais avec tant d'inconvenance que les inspectrices furent obligées d'intervenir. C'était bien curieux à voir. Toutes portaient à peu près le même costume que nous.

Chaque femme condamnée descend aux ateliers. A cette époque on leur faisait faire des boîtes

[1] Femmes arrêtées pour s'être battues.
[2] Femmes qui attendent qu'on les juge.

d'allumettes. Il y a de très-bonnes ouvrières, et comme elles sont forcées de travailler, en sortant elles ont une petite masse d'argent. C'est un mélange dont on ne peut pas se faire une idée.

Que de femmes j'ai reconnues plus tard élégantes et fières, que j'avais vues sous ce triste et honteux uniforme. Il y en a de vieilles, défigurées par des cicatrices et par des maladies; il y en a de très-jeunes et de très-jolies. Presque toutes, parmi ces dernières, ont une certaine coquetterie.

Les unes ont un bonnet de dentelle sous le bonnet d'uniforme, les autres des camisoles blanches et des fichus de soie. Les plus élégantes appartenaient à des maisons.

Les maîtresses de ces maisons ont soin d'elles et leur envoient du linge, de l'argent et des provisions toutes les semaines. On dit en parlant d'elles : « Une telle ! elle reçoit le panier. » C'est l'aristocratie du lieu. Aussi, ont-elles dans les cours de vieilles abandonnées qui les servent, qui font leur ouvrage. Il y en a qui ont de l'argent; les hommes qu'elles entretiennent quand elles sont en liberté leur envoient beaucoup. En général elles sont généreuses; elles payent pour tout le monde. On les appelle les *Panuches*.

Toutes ces femmes, pendant l'office, regardent en l'air, causent, font passer de petits papiers ux femmes de l'infirmerie, aux voleuses, aux prévenues. Elles font des signaux aux corrections; on les leur rend. Pendant que les surveillants écoutent la messe, tous ces petits manéges s'accomplissent. On montre sur ses doigts combien de temps on a encore à faire. On envoie des baisers en signe d'adieu! Le dimanche est vraiment un jour de fête.

Denise était à la correction depuis trois ans. Elle avait eu une amie qui était devenue femme, et qui faisait partie d'une des colonnes qui venaient d'entrer. Elle se pencha et mit deux doigts hors de la grille.

Denise s'était empressée de me montrer la Blonde, comme elle l'appelait.

— Tiens, vois-tu sur la banquette du fond, une femme qui a un mouchoir à grands carreaux, à côté d'une borgnesse; cette femme qui baisse la tête, qui a des cheveux blonds, un foulard bleu et blanc autour du cou?

— Oui, mais je ne puis voir sa figure.

Et je m'avançai plus près de la grille.

— Elle écrit sur ses genoux. Tiens, elle lève la tête; comment la trouves-tu?

Je regardai bien avant de répondre. C'était une fille qui pouvait avoir de dix-huit à vingt ans. Ses cheveux étaient si beaux, que je regardai au-dessus de sa tête s'il n'y avait pas en l'air un rayon de soleil qui leur donnait ce brillant et cette couleur dorée. Ses yeux étaient grands, d'un bleu tendre ; leur grande expression de douceur annonçait un caractère faible. Son front était encadré de deux boucles. Cette coiffure devait être celle qui lui allait le mieux ; elle le savait et bravait le règlement en se frisant tous les jours. Sa figure était longue, son nez long, un peu aplati du bas ; sa lèvre inférieure dépassait la supérieure; la bouche était grande, les dents mal rangées, mais blanches. Elle avait de vilaines choses, pourtant la blancheur de sa peau, ses beaux yeux et ses cheveux qui dissimulaient en tombant de chaque côté son menton de galoche, en faisaient une fille agréable. Elle me parut avoir quatre pieds et demi ; ses épaules étaient larges, mais un peu hautes.

Je dis à Denise qui attendait la fin de cet examen.

— C'est une drôle de figure ; le bas est affreux, commun ; le haut est admirable. Quel est son caractère ? Elle doit être bonne.

— Oui, me dit Denise, mais elle a le caractère comme la figure : c'est-à-dire qu'elle en a deux. Elle est fantasque, insouciante. On peut lui dire ou lui faire des choses désagréables : elle ne se fâchera pas ; puis, un autre jour, où on ne lui dira rien, elle s'emportera sans motifs. On la pourrait croire un peu folle. Elle a été bien élevée. Elle s'est sauvée de chez ses parents parce qu'elle avait une belle-mère. Je ne sais pourquoi on l'a fait enfermer ici. En sortant, elle est entrée en maison.

Je tournai la tête et je vis, au bout de la grille où j'étais, une petite fille de douze à treize ans, qui faisait des efforts inouis pour être aperçue d'en bas.

— Regarde donc comme cette petite se remue.

— C'est pour tâcher que sa mère, qui est là aux prévenues, la regarde. Vois-tu cette grosse femme qui tourne les yeux de notre côté ? c'est sa mère. Elle a vendu sa fille, et elle va être condamnée au moins à trois ans. Cette petite que tu vois là a fait ce qu'elle a pu pour la défendre, mais son autre fille qu'elle a vendue, il y a deux ans, l'a dénoncée et l'a chargée à outrance, parce qu'elle lui avait fait des scènes pour avoir de l'argent.

Cette femme me fit horreur ; j'en détournai les yeux.

A l'autre bout du banc des prévenues, il y avait une petite femme brune, délicate, qui avait l'air souffrant. Je la fis remarquer à Denise.

— Ah! c'est la femme en couche, celle-là ! elle a fait assez de bruit, en arrivant ici. Elle était mariée à un brave homme qui l'adorait; il lui donnait tout ce qu'elle voulait, et, comme il faisait de très-belles affaires, il n'y avait rien de trop beau pour sa femme. Il paraît qu'elle était très-pincée, très-sévère pour les autres. On ne l'aimait guère. Son mari fit un grand voyage ; il resta un an absent. Quand il arriva, une bonne voisine lui annonça qu'il était père depuis huit jours. Il paraît que cette nouvelle ne lui fit pas tout le plaisir qu'on aurait pu croire, car il ne rentra pas chez lui, et revint, dans la nuit, avec le commissaire de police. Il fit arrêter sa femme, ainsi que son commis qui était monté pour la soigner. Le mari, qui était un mouton, s'était changé en loup.

— Pauvre femme! dis-je en la regardant, elle est bien à plaindre.

— Tu la trouves à plaindre, fit Denise étonnée ; moi, je ne la plains pas. C'est sa faute; on ne vole pas les gens. Si cet homme ne lui convenait pas, fallait pas qu'elle l'épouse; quand on a une langue pour dire oui, on peut dire non. Si en sortant d'ici on voulait m'épouser, je refuserais parce que je veux être libre. Une autre, une femme comme celle-là, par exemple, se marierait et serait libre tout de même. Tiens, regarde la seconde femme sur le sixième banc; voilà une femme qui est à plaindre! Tu vois comme elle est jolie! c'est une Bordelaise. Un homme, assez beau garçon, lui a fait des propositions; elle l'a épousé, croyant qu'il l'aimait. Pas du tout, il l'a mise dans une boutique où sa beauté attirait du monde; il a fini par lui dire ce qu'il attendait d'elle. Il la vendait lui-même au plus offrant et la battait comme plâtre, quand elle refusait. La police s'en est mêlée; on les a arrêtés tous les deux. Il a donné son consentement pour qu'on l'inscrivît, afin qu'elle fût plus libre. Moi, je l'étranglerais; mais elle l'adore, à ce qu'il paraît. Je crois que c'est de la peur.

— Eh bien! moi, je ne plains pas celle-là · c'est une femme sans cœur, sans caractère; c'est une machine.

— Qui donc vous raconte tout cela?

— La fille de salle qui va dans les cours, et avec qui je suis amie.

La messe finie, tout le monde sortit dans l'ordre où l'on était entré. Nous descendîmes. A la dernière marche, Denise se baissa et ramassa quelque chose qu'elle mit dans son fichu.

Arrivées dans le jardin, elle m'emmena dans un coin et tira un papier plié tout petit.

— Vois-tu, me dit-elle, elle m'aime plus que

toi, celle-là; voilà deux ans qu'elle a quitté la correction, elle ne m'oublie pas. Puis elle lut :

« Ma bonne chérie, le temps approche où tu vas prendre ta volée. Moi, si c'était à refaire, je ne le ferais peut-être plus. Je n'ai pas de chance, voici ma troisième condamnation. J'ai passé la nuit dans un hôtel du quartier latin; j'ai été prise par la ronde; m'en voilà pour un mois. Je suis triste; il y a loin de ce que je m'étais figuré à ce qui est. Si tu ne reçois pas mon billet, ce ne sera pas ma faute; j'ai peur d'avoir mal compris ton signe. Je pense bien souvent à toi. J'en suis à regretter la correction.

« MARIE LA BLONDE. »

— Vous voyez que vous aviez tort de dire, hier, qu'il pouvait y avoir des femmes heureuses dans ce genre de vie.

— Mais je le dis encore, répondit Denise en repliant sa lettre. Marie n'a pas de volonté; elle s'est amourachée d'un étudiant, qui la fait aller. Elle n'en bouge pas; c'est chez lui qu'on l'aura prise.

Nous étions, en ce moment, une quarantaine à la correction. C'était une vraie république; on était sans cesse à se disputer et à se battre.

Un jour, deux des plus mauvais sujets se querellaient dans l'atelier; Mlle Bénard entre.

— Tais-toi, dit l'une d'elles, nous nous retrouverons dans le jardin.

Je croyais ce rendez-vous oublié ; pas du tout, elles allèrent dans un coin et se battirent à coups de pied et à coups de poing.

Il y en avait d'une perversité incroyable et d'une hardiesse étonnante. Ainsi, une fille de douze ans prit la fuite par-dessus les murs, qui ont au moins soixante-dix à quatre-vingts pieds de haut ; une autre se sauva à la place d'une blanchisseuse.

Enfin, comme tout ce qui est défendu devient une passion, ces enfants, ces femmes trouvaient des moyens pour causer ensemble, pour s'écrire.

Ce qui faisait le plus de ravages dans cette maison, à l'époque dont je parle, c'étaient ces liaisons entre des filles de douze et de quinze ans et des femmes de trente et de quarante ans. Elles parviennent à tromper la surveillance la plus active.

Chaque lettre qui entre et qui sort est lue et marquée.

Malgré toutes les précautions, les embaucheuses trouvent moyen d'exercer leur infâme métier.

On appelle embaucheuses les femmes qui vont trouver une jolie fille et lui donnent l'adresse des mauvaises maisons qu'elles représentent, en en faisant un grand éloge.

Elles montent la tête à de pauvres enfants, qu'elles entraînent du côté des écoles ou de la Cité, dans des bouges immondes, où elles meurent jeunes quand elles sont faibles.

Ce qu'il y a de plus horrible, c'est la perversité de la corruption dans ce milieu infernal. Il n'est pas rare d'entendre des enfants de dix ans dire ce qu'elles veulent être, et où elles iront quand elles auront l'âge.

Le parloir est au rez-de-chaussée, la correction au troisième. Il y a dans le mur un tuyau qui vient d'en bas. Quand on sonne, c'est un signal pour appuyer l'oreille contre l'entonnoir. On demande quelqu'un au parloir : tout le monde lève la tête, tout le monde espère.

Celle qu'on appelle court comme une folle, les autres sont tristes; puis, quand elle remonte avec des provisions, toutes les autres l'entourent. Elle a vu quelqu'un qui vient du dehors; il semble qu'elle rapporte des nouvelles d'un autre monde.

J'étais là depuis un mois, sans que personne m'eût donné signe de vie. C'est alors que l'on souffre. Quand on est condamné, on compte chaque heure, chaque minute, qui vous rapproche de la délivrance; quand un ami vous écrit, on sait que quelqu'un pense à vous; mais rien, rien! Aussi, avais-je des moments de rage où, emportée par la violence de mon caractère, je jurais de me venger, de faire pis que tout le monde. Ces moments d'exaspération ne duraient pas longtemps, mais ils me gâtaient le cœur.

Nous avions avec nous une fille nommée Augustine, qui était à peu près de mon âge. Cette fille était d'une gaieté intarissable; quand j'étais triste, Denise allait la chercher. Je ne puis la comparer qu'à un singe. Elle nous annonça que son père était décidé à la retirer de la correction.

— Je lui ai persuadé que je deviendrais ici pire que je ne suis, et il a cru que c'était possible, ajoutait-elle en éclatant de rire. Pauvre bonhomme de père, je vais le lâcher au bout de la rue.

Je lui dis que c'était mal.

— Merci, me dit-elle; il m'a promis, si je me conduisais mal, d'employer, avec son tire-pied, un procédé de correction qui n'est pas caressant du tout. Pour sortir, j'ai répondu que j'y consentais; mais je sais comment il s'en acquitte, et j'aime mieux me donner de l'air.

Le soir, elle vint me trouver dans la cour, et me dit d'un air grave:

— J'ai quelque chose à vous demander.

Je crus qu'elle allait me faire quelques plaisanteries ; je la suivis dans un coin, un peu méfiante ; elle m'arrêta, regarda si on ne l'entendait pas, et me dit :

— Je sors demain ; je n'ai pas d'effets. Vous êtes grande comme moi, voulez-vous me prêter les vôtres ? je vous les renverrai dans deux jours. Je vais aller en maison ; on m'en donnera ; je vous ferai rapporter de suite ce que vous m'aurez prêté. Seulement, ne le dites à personne, parce que cela est défendu.

Je lui fis observer que je n'avais que cela ; que, si je le lui prêtais, il fallait qu'elle me le renvoyât de suite.

Elle me fit tant de promesses, que je crus à sa sincérité, et que je consentis.

Elle partit. Quelques jours après, comme elle ne me renvoyait rien, je fis part de mes inquiétudes à mon amie.

— Sotte ! pourquoi ne m'en as-tu rien dit ? Ce sera amusant quand tu partiras.

— Quant à cela, la maison me fournira bien un sac pour m'ensevelir : je ne sortirai jamais d'ici.

— Te voilà avec tes idées noires. Tiens, on sonne la récréation ; viens en bas.

Je la suivis.

Il y avait, dans notre enclos, une porte qui était le sujet de la curiosité générale. Cette porte, qui était cintrée par le haut, était exhaussée au-dessus du sol : il fallait monter deux marches pour y arriver. Nous ne l'avions jamais vue ouverte. On cherchait toujours à voir, par une fenêtre ou par un trou, ce qui se passait à l'intérieur ; et, comme on n'avait rien découvert, chacune avait une idée. C'était l'amphithéâtre de l'infirmerie.

Il y avait des internes qui travaillaient ; mais il leur était défendu d'ouvrir de ce côté. Ils devaient entrer et sortir par une autre porte, qui donnait sur la cour de l'hôpital. Je partageais alors l'ignorance générale au sujet de cette porte mystérieuse ; mais je n'étais pas moins intriguée que les autres.

Ce jour-là, sans doute, on avait égaré la clef ; on était entré par la petite porte, et on l'avait poussée sans la fermer.

Je descendais avec Denise, qui me laissa pour aller parler à une autre. Je passai près de la porte ; je montai les deux marches, et je la poussai doucement : elle s'ouvrit ; je me penchai en avant. Tout-à-coup, je me redressai, comme poussée par un ressort. Ce que je venais de voir était affreux. Je me raidis contre le chambranle de pierre ; on eût dit que j'y étais attachée. J'avais vu, étendue sur une table de marbre, une jeune fille, dont le ventre et la poitrine étaient ouverts par de grandes incisions ; elle n'était pas défigurée ; ses yeux étaient à demi ouverts. Le jour que fit la porte en ouvrant miroita sur sa figure. Je crus qu'elle avait bougé ; je la regardai si fixement que ma vue se brouilla. J'attachai mes deux mains au mur, derrière moi ; je restai le cou tendu, la bouche ouverte, l'œil fixe.

— Que fais-tu donc là ? me dit Denise en s'approchant.

Je fis un effort inouï pour m'arracher du mur, où il me semblait que j'étais scellée, et je me jetai dans ses bras.

Elle me fit descendre les marches en me disant :

— Es-tu folle ; si c'est comme cela que tu te distrais de tes idées noires, tu choisis bien !

Je voulus oublier ce que je venais de voir. Ce fut plus fort que moi.

— Quel sort ! me disais-je. Si jeune ! si jolie ! mourir seule ! sans qu'un parent, un ami, soit là pour rassembler vos restes ! Mon Dieu ! est-ce vous qui faites ainsi la part de chacun ?

Je passai une nuit affreuse.

Une de nous vint à mourir ; j'étais si triste que je changeais à vue d'œil.

Un jour, je me levai gaie, presque heureuse. Je dis à mon amie :

— Je ne sais ce qui va m'arriver ; j'ai fait de beaux rêves.

— Tu es donc superstitieuse ? fit Denise en riant.

— Tout ce que tu voudras. Mes rêves me trompent rarement.

— Voyons, conte-moi le tien. Tu as rêvé qu'on prenait Saint Lazare d'assaut et qu'on nous donnait la clef des champs.

Je ne répondis rien ; j'allai m'asseoir à mon métier. Chaque fois qu'on ouvrait une porte, mon cœur battait. Une heure sonnait en même temps que la sonnette du parloir.

La femme qui écoutait le nom qu'on allait demander ne l'avait pas entendu, que je m'écriai :

— C'est moi, n'est-ce pas ?

Elle se retourna et dit à haute voix :

— Céleste, au parloir.

Au lieu de courir comme les autres faisaient, je restai sur ma chaise, si tremblante, que je ne pouvais pas me lever.

— Conduisez-la, dit Mlle Bénard ; elle n'y est jamais allée.

Denise s'offrit pour m'accompagner, et, sans

attendre la réponse, elle m'entraîna vers l'escalier. Je m'arrêtai au second étage, les jambes me manquaient.

— Qu'est-ce que tu vas dire à ta mère? me demanda-t-elle en s'arrêtant aussi.

— Mais je vais lui dire tout ce qui s'est passé.

— Eh bien, si, comme tu me l'as dit, elle aime cet homme, ne le fais pas, sans savoir si elle le voit toujours. Il lui aura conté tout cela à sa manière. On pourrait t'oublier ici.

J'étais en bas. Un gardien me fit entrer et dit à ma compagne de m'attendre à la porte.

Ma mère était assise sur une chaise, au fond d'une grande salle, garnie de bancs en chêne tout autour. Les dalles étaient blanches. Il y avait un Christ au mur.

Je baissai la tête et j'attendis. J'avais perdu depuis longtemps l'habitude d'embrasser ma mère. Elle ne fit pas un pas vers moi; je n'osai pas m'approcher.

— Malheureuse! me dit-elle enfin, tu n'as pas honte de me faire venir ici.

Je relevai la tête; le ton avec lequel elle me parlait m'étonna. J'étais si sûre que c'était moi qui avais le droit de lui faire des reproches! D'abord, je ne sus que répondre; puis, sentant le sang me bouillonner au cœur, je lui dis:

— J'espère, ma chère mère, que tu sais ce qui m'y a conduite, et que tu ne viens pas me faire des reproches. Tu as mis assez de réflexion à venir ici; tu dois être faite à l'idée de m'y savoir, et, puisque te voilà, à l'idée d'y venir.

— Oh! me dit-elle, il paraît que cela n'a pas changé ton caractère. Il n'y a que trois jours que je sais que tu es ici; c'est le temps qu'il m'a fallu pour avoir une permission.

— Qui donc maintenant reçoit tes lettres?

— Personne.

— On t'a pourtant écrit cinq fois.

— C'est faux.

— Depuis combien de temps es-tu de retour à Paris?

— Depuis un mois.

— Que t'a-t-on dit quand tu es arrivée? Tu as dû t'apercevoir que je n'étais pas là!

— On m'a dit la vérité.

— Et quelle est cette vérité?

— Que tu t'étais laissé entraîner par une femme et sauvée de la maison.

— Et qui est-ce qui t'a dit cela?

Elle ne me répondit pas.

— Comment as-tu su que j'étais ici?

— Il y a trois jours, une femme m'a arrêtée dans la rue, celle qui t'a fait prendre. Elle m'a dit où tu étais, en me faisant je ne sais quel conte, en me disant qu'elle était venue vingt fois, qu'on n'avait pas voulu la laisser monter, qu'on lui avait dit que je n'étais pas revenue.

— As-tu demandé au marchand de vins si c'était vrai ?

— Non ; à quel propos lui aurait-on défendu ma porte ?

J'hésitai un peu et je lui dis :

— Comment se porte M. Vincent ?

— Bien, me dit-elle; il m'a accompagnée ; il m'attend dehors.

Je regardais la porte; je pensais à ce que m'avait dit Denise en descendant : il me semblait la voir rire au travers du mur.

— As-tu adressé une pétition au préfet pour me faire sortir ?

— Je n'ai pas encore eu le temps : Vincent l'écrira demain.

— Non, lui dis-je, fais-la écrire par un autre, et surtout porte-la toi-même.

— Pourquoi donc ?

— Je te le dirai plus tard.

Il y avait une heure que j'étais au parloir avec ma mère ; c'est le temps qu'on a le droit de rester.

— N'oublie pas d'écrire ; quand viendras-tu ?

— Dans quelques jours; j'écrirai demain.

Elle m'embrassa si froidement, qu'en remontant les escaliers je me mis à pleurer, et je dis à Denise :

— Tu avais raison. je suis perdue ; je ne sortirai jamais d'ici. Pauvre Thérèse! je l'accusais d'oubli. *Il* l'empêchait de voir ma mère et il gardait les lettres. Oh! cet homme me rendra méchante, haineuse; je me vengerai un jour ou l'autre.

Le temps passait lentement. Je faisais mille projets sur ce que je devais dire à ma mère.

— Si je lui dis tout, pensais-je, et qu'elle me croie, c'est bien; mais si elle ne me croit pas, elle me laissera ici. Non, il vaut mieux patienter. C'est devant lui que je dirai tout à maman. Il n'osera pas me démentir.

Huit jours se passèrent ainsi. Ma mère revint; elle me dit qu'elle avait fait la demande, mais qu'on n'avait pas répondu.

L'inquiétude me reprit. Huit jours se passèrent encore. Ma mère m'annonça enfin qu'elle avait une réponse et que dans deux ou trois jours je serais libre.

En effet, le troisième jour, on vint dans ma cellule me dire de m'habiller, que je partais à deux heures.

— Mais je n'ai rien, m'écriai-je ; on ne m'a pas rendu mes affaires. J'ai oublié d'en parler à ma mère. Aurai-je le temps d'envoyer d'ici chercher des vêtements?

— Non, me répondit la gardienne, pas d'ici, mais du dépôt où vous resterez jusqu'à demain. On vous laisse vos effets de correction, qu'on nous renverra demain par le panier.

Je fus à la cellule de Denise. Elle se mit à pleurer si fort que toute ma joie me quitta. Je l'embrassai, je lui fis toutes les promesses possibles. Elle fondait en larmes.

— Je te jure que j'irai te voir n'importe où.

Je passai mes deux dernières heures assise sur son lit. Je l'embrassai une dernière fois et je sortis.

J'étais au bout du grand corridor, que j'entendais encore ses sanglots.

Je partis comme j'étais venue, dans la même voiture : il n'y avait que mon costume de changé. Mais je ne savais pas encore l'impression terrible que le séjour à la correction devait laisser dans mon caractère, l'influence que ces quelques mois devaient avoir sur mon triste avenir.

Arrivée au dépôt, on me fit monter dans la chambre où j'avais déjà été. Il y avait foule : sept personnes dans cette petite pièce. Je restai là trois jours sans dormir et presque sans manger.

Le quatrième jour, M. Régnier me fit demander.

— Ah! ça, mon enfant, j'ai écrit à votre mère de venir vous chercher; comment ne vient-elle pas? Mais pourquoi donc avez-vous l'uniforme de la correction?

— Monsieur, c'est que j'ai prêté mes effets.

— Ah! et l'on a oublié de vous les rendre. Est-ce que vous avez été malade? vous êtes bien pâle.

— Oh! monsieur, si vous saviez où l'on m'a mise. Nous sommes les unes sur les autres. Je suis avec une bande de mendiantes alsaciennes. Je n'ai pas mangé depuis mon arrivée; tout cela me dégoûte.

— Allons, je vais vous faire conduire à la pistole.

Puis, tirant sa bourse, il me donna deux francs.

— Tenez, vous mangerez avec cela; et il me regarda avec un air de pitié et de bonté que je n'oublierai jamais.

La bonté et l'humanité de M. Régnier ne le mettaient pas à l'abri des rancunes auxquelles l'exposaient ses fonctions. A Saint-Lazare, c'était à qui le chansonnerait!

Combien de fois j'ai entendu proférer contre lui des menaces de mort!

Une fois même, M. Régnier a failli être victime de la fureur d'un de ces êtres à qui toute idée de discipline est insupportable, et qui haïssent instinctivement tous ceux qui sont chargés de maintenir l'ordre dans la société.

Dans ce temps-là, les femmes arrêtées étaient conduites dans le cabinet de M. Régnier ; il prononçait en leur présence la condamnation aux punitions administratives qu'elles avaient encourues.

Une de ces femmes que j'ai essayé de dépeindre, quand je vous ai parlé de mon arrivée à la correction, lui lança à la tête un énorme presse-papier en marbre qui, heureusement, ne l'atteignit pas.

C'est même depuis ce moment que l'usage a été modifié, et que les condamnées apprennent seulement à Saint-Lazare la durée de la détention qu'elles auront à faire.

Je ne crois pas, d'après ce que j'ai vu, que M. Régnier ait prononcé dans sa vie une seule condamnation injuste. Cependant les haines, qui ne pouvaient éclater en sa présence, couvaient dans le fond de ces cœurs ulcérés. J'ai entendu dire, non pas à une femme, mais à cent :

— Oh! s'il y a une révolution, nous pendrons

Régnier. Oh! s'il y avait une émeute, nos hommes brûleraient Saint-Lazare!

Pauvre monsieur Régnier! si bon pour moi et pour tant d'autres; j'ai souvent tremblé pour ses jours.

Sur son ordre, on me conduisit à la pistole. C'était une chambre de quatre pieds carrés, avec une fenêtre garnie de barreaux, un lit de sangles, une petite table.

Tous les prisonniers ont le droit, moyennant un franc par jour, d'aller à la pistole. Beaucoup préfèrent les salles communes; c'est moins triste que cette cellule.

La fin de la journée et la nuit me parurent un siècle.

A onze heures, on me fit appeler. J'entrai dans le cabinet de M. Régnier; ma mère y était.

— Vous allez vous en aller, mon enfant; votre mère promet de bien veiller sur vous. Faites bien attention : ne vous laissez entraîner par aucune de ces femmes que vous avez pu rencontrer; car si vous reveniez, vous trouveriez en moi un juge sévère. Votre mère ne pourrait plus vous avoir; je vous enverrais au couvent de Saint-Michel jusqu'à vingt et un ans. On rase la tête en entrant; vos cheveux auraient le temps de repousser.

Je lui promis du fond de mon cœur d'être sage, et lui dis que si jamais je revenais il pouvait m'enfermer pour le reste de mes jours.

Il me fallut attendre encore une heure pour qu'on allât me chercher des effets.

Enfin les portes s'ouvrirent : j'étais libre !

VIII

LA CHUTE.

L'air me parut embaumé; je le respirais comme une fleur enivrante qui m'engourdissait et faisait circuler dans mes veines un bien-être inconnu. « Libre ! » m'écriai-je, et je courus jusqu'au quai sans tourner la tête. Je m'arrêtai au bord du parapet; je regardai l'eau couler. Ma pensée s'en allait avec elle ! Je fus arrachée de mon extase par ma mère, qui venait de me rejoindre, et me dit en me tirant le bras:

— Où vas-tu donc? ce n'est pas notre chemin.

— Ah! pardon, ma bonne mère, lui dis-je en l'embrassant à plusieurs reprises, pardon! J'ai l'air d'une folle, n'est-ce pas ? mais je suis si heureuse ! Ah! que c'est bon d'être libre! Vois donc la rivière! comme elle est indépendante! comme tout cela est joli! Je ne m'en étais jamais aperçue. C'est vrai qu'il faut être privé des choses pour savoir ce qu'elles valent. Oh ! que je t'aime, ma bonne mère !... Et je l'embrassai à la fâcher.

— Reste tranquille; tu vois bien que tu me chiffonnes. Je suis bien aise que tu y tiennes tant à la liberté; tu ne recommenceras pas.

Je n'étais pas à ce qu'elle me disait. Je répondais : Oui, maman.

— Nous allons rentrer : tu travailleras avec moi.

— Oui, maman.

— Ne sois pas malhonnête avec ce pauvre Vincent.

Cela me tira de ma contemplation. Je la fis recommencer.

— Oui, me dit-elle, tâche de vivre en paix avec lui, pour l'amour de moi.

— Comment pour l'amour de toi? Est-ce que tu espères le garder ?

Ce fut elle qui s'arrêta et me regarda étonnée.

— Ah ! c'est vrai, tu ne sais que ce que l'on t'a conté ! je vais te dire la vérité.

Pendant ma narration, elle rougit, pâlit, pleura.

Je venais évidemment de la faire beaucoup souffrir. Elle ne me répondit rien.

Nous arrivâmes. Vincent était à cette fenêtre où je m'étais blessée. Ma mère monta d'un pied ferme ; mes jambes fléchissaient. La vue de cette maison me rappela tout, et l'air me parut étouffant. Enfin, prenant ma résolution, je montai plus hardiment.

— Qu'ai-je à craindre? me disais-je, ma mère est là. Je vais chez elle. Il ne pourra me démentir.

J'entrai, regardant Vincent en face. Je croyais le voir se troubler ; pas un muscle de sa figure ne bougea.

Ma mère avait la même idée que moi ; elle se retourna de mon côté, et me dit :

— Allons, répète devant lui tout ce que tu m'as dit en chemin.

Ce fut moi qui changeai de couleur et perdis contenance. Je vis la figure de ma mère s'éclairer d'un espoir qui me fit un mal affreux. Elle doutait de moi. Cette pensée me révolta.

J'avançai, la tête haute, le regard fixe. Vincent ne donna pas un signe d'émotion. Son calme m'exaspéra.

— Êtes-vous devenu muet ! dites donc pourquoi je suis partie d'ici. Dites donc ce qui s'est passé !

Et je lui répétai tout ce que j'avais dit à ma mère.

Quand j'eus fini, ma mère lui dit. « Répondez donc! » Cela avait plutôt l'air de dire : « Démentez-la, je vous croirai. »

Vincent sentit son avantage. Il n'en fut que plus impassible.

— J'attendais qu'elle eût fini. Je n'ai pas grand'chose à dire; du reste, vous savez que votre fille me déteste. Moi, je l'ai connue enfant, et, à cause de vous, je l'aime beaucoup. Elle est rentrée toute triste; j'ai tâché de la consoler. Je ne sais ce qu'elle s'est figuré; elle s'est sauvée. C'est un prétexte.

Je devins livide!

Je regardai ma mère. Sa figure était calme. Je serrai les dents et je sentis mon cœur trop étroit pour contenir ma colère et ma haine.

Ma mère eut sans doute peur de l'état dans lequel elle me voyait, car elle le pria de nous laisser seules.

Il prit son chapeau et passa près de moi. Ses lèvres ébauchèrent un sourire qui me mit en fureur.

— Tu le crois plutôt que moi, n'est-ce pas? Il me rit au nez. Il est bien sûr que tu le préfères; qu'il peut tout ici. Eh bien ! je lui cède la place. Moi, je ne peux plus vivre ici. Tu es bien décidée à le garder, je pars.

Ma mère se mit devant la porte et me prit dans ses bras.

— Voyons, Céleste, écoute-moi.

— Non : si tu ne me promets pas de mettre cet homme à la porte.

— Eh bien, oui, je le quitterai ; mais écoute-moi. Il vient d'hériter de quelques mille francs ; il me les a promis pour m'établir. Prends patience pour quelque temps ; je ferai semblant de le croire. Contiens-toi. En changeant de logement, je me séparerai de lui, et nous resterons toutes les deux.

J'étais à bout de forces. Les insomnies, les émotions m'avaient épuisée. En songeant à l'avance à cette scène, je m'étais attendue à quelque chose de violent et de décidé ; je m'étais dit :

— Ma mère choisira entre lui et moi.

Une minute décidera de mon sort. Je n'avais pas pressenti que cela tournerait en longueur. Le dénoûment prolongé me frappait de surprise et paralysait ma volonté. Ces idées d'intérêt et de calcul que ma mère me mettait en avant, pour différer de prendre un parti, m'affadissaient le cœur ; je ne comprenais pas alors combien ce sentiment, qu'on nomme l'amour, avait de puissance sur l'âme des femmes de son âge : ma mère avait alors quarante-sept ans. Je ne cédai pas, je cessai de lutter. C'était tout ce que ma mère voulait.

Elle déposa ce masque de sévérité, qu'au fond du cœur elle savait bien que je ne méritais pas de voir sur son visage. Elle m'embrassa avec plus d'effusion qu'elle ne l'avait fait depuis longtemps. Je lui rendis ses caresses à contre-cœur, mais je les lui rendis.

Je me couchais avant que Vincent rentrât; je me levais quand il était parti. J'évitais toutes les occasions de le voir; car, lorsqu'elles se présentaient, c'étaient des querelles sans fin.

Le temps s'écoulait et je ne voyais aucun changement s'accomplir. Ma mère paraissait avoir oublié.

Un jour, il revint dans la journée, et me trouvant seule il osa me dire :

— Allons, viens que je t'embrasse, boudeuse. Je t'avais bien dit que ta mère ne te croirait pas. Tu as eu bien tort; mais, si tu veux, il est encore temps.

— Tenez, lui dis-je, on monte; je crois que c'est ma mère; je vais vous donner ma réponse devant elle... Ma chère mère, arrive donc pour me conseiller. Voici ce que monsieur me proposait à l'instant; que penses-tu que je doive faire?

Il me regarda, haussa les épaules et dit à ma mère :

— En vérité ta fille est folle. Elle ne sait qu'inventer pour nous brouiller.

Ma mère ne répondit rien.

— Ah! ça, lui dis-je? Était-ce pour te moquer de moi que tu m'as promis que tu allais le quitter? Crois-tu que, sans cette promesse, je serais restée ici? Voyons, parle!

Ma mère s'emporta contre moi, me disant qu'elle ne pouvait avoir confiance en moi; que du reste elle était fatiguée de tout cela; que ceux qui voulaient partir étaient libres.

Ses paroles me tombaient si lourdement sur le cœur, qu'il ne battait plus.

Je me mis à pleurer en lui disant :

— Il ne vous manquait plus que de me chasser; vous le regretterez.

Je me dirigeai vers la porte.

Vincent se mit devant moi et m'empêcha de sortir. Il me demanda pardon d'avoir été cause de tout cela ; il me supplia de rester, me disant que, s'il le fallait, il partirait plutôt lui-même.

Où aurais-je été? je ne connaissais personne. Je n'avais pas une seule relation à Paris. La seule maison où j'avais travaillé m'était à jamais fermée. Je n'avais eu qu'une affection : ma mère! qu'un appui : ma mère! Cet appui et cette affection me manquant, j'étais seule.

Je rentrai dans mon cabinet. Je le vis embrasser ma mère à travers les carreaux. Mon cœur se souleva.

— Oh! si je pouvais me sauver, si j'avais seize ans! Une idée affreuse venait de me traverser l'esprit. Je la chassais; elle revenait plus forte que ma volonté, et je m'endormis en comptant mon âge à un jour près.

Je rêvai de Denise, des conseils et des indications qu'elle m'avait donnés.

Il me semblait que je prenais une voiture, que je donnais au cocher une adresse dont le souvenir, malheureusement pour moi, s'était trop bien gravé dans ma mémoire, et revenait à ma tête brûlante, dans ces heures de cauchemar et d'angoisse... Je me croyais vengée.

Je m'éveillai sous l'influence de ces songes funestes, et comme armée d'un sombre courage. Le démon du mal s'était emparé de moi; il ne devait plus lâcher sa proie.

Je comptais les jours, les heures. A chaque scène, à chaque querelle, je disais : « Bon! bon! encore deux mois, encore quinze jours, et je vous quitterai pour ne jamais vous revoir. Je deviendrai riche ; je n'aurai plus besoin de vous. » Les douces impressions de ma vie, jusqu'alors innocente et simple, s'effaçaient de mon souvenir.

J'ouvrais mon imagination à des scènes bizarres, impossibles.

N'ayant encore vu de la vie que son côté le plus étroit et le plus malheureux, j'aspirais à m'élancer vers un horizon plus étendu, que je peuplais de fantômes évoqués de tout ce que j'avais vu sur les scènes des théâtres du boulevard! J'étais folle!

Soit qu'on ne comprît pas l'état de mon âme, qu'on ne crût pas à l'énergie de ma résolution, et qu'on fût heureux de se débarrasser de moi, par un motif ou par un autre, on ne combattait pas mes projets de départ.

La vie devenait insupportable pour tout le monde. J'avais tellement en horreur la faiblesse de ma mère que je ne pouvais plus la regarder. Enfin, il me vint une pensée terrible. Avant de tout quitter, je voulus faire une dernière épreuve.

— Voyons, dis-je à ma mère, je veux te convaincre. Fais semblant de passer la journée dehors; cache-toi dans ma chambre; écoute, et tu verras si je t'ai menti.

Elle hésita longtemps, mais enfin elle consentit. Nous convînmes de tout pour le lendemain.

Vincent rentra à neuf heures.

— Où est ta mère? me dit-il.

— Elle n'est pas revenue.

Il fit quelques tours dans la chambre sans me dire un mot, et il prit un livre.

Je regardai du côté du cabinet avec inquiétude, pensant que ma mère triomphait de voir l'épreuve tourner contre moi. Enfin ma haine l'emporta sur tout autre sentiment. Je m'approchai de lui.

— Vous aviez raison quand vous me disiez qu'elle ne me croirait pas. Il faut que vous lui ayez jeté un sort. Si je vous avais aimé autant qu'elle vous aime, qu'est-ce que vous seriez devenu?

Il me regarda sans me répondre. Il me sembla voir mon rideau bouger. Je me rapprochai encore de lui.

— Vous ne me dites plus rien. Vous voyez bien que j'ai bien fait de ne pas accepter; si j'étais partie avec vous, vous ne m'aimeriez déjà plus.

— Essayez, me dit-il... Et il attacha sur moi un regard qui me força de baisser les yeux.

— Que j'essaye quoi?

— De me suivre, d'être ma maîtresse.

— Eh bien! et maman?

— Bah! Elle est faible de caractère et mobile de cœur; elle se consolera.

Nous entendîmes du bruit dans ma chambre. Il me regarda; je me mis à rire sans lui répondre.

Il courut ouvrir la porte. Ma mère était tombée

au travers. Il la porta sur son lit. Elle était sans connaissance.

Alors il eut un véritable chagrin. Il l'embrassait; il lui demandait pardon.

— Oh! criait-il, je suis un misérable! Pauvre femme! je l'ai tuée! Mon Dieu! pardonnez-moi! Jeanne, mon amie, reviens à toi. Je n'étais pas digne de ton affection. Chasse-moi; voilà tout ce que je mérite.

Ma mère ouvrit les yeux, regarda autour d'elle et fondit en larmes. Je n'osais m'approcher.

— Sortez, nous dit-elle, allez-vous-en tous les deux: je veux être seule.

Vincent seul obéit à cette injonction.

— Où veux-tu donc que j'aille? dis-je à ma mère. Et je m'assis.

Elle se cacha la figure et parut ne plus s'occuper de moi.

Mon cœur sautait de joie dans ma poitrine. Il me semblait que j'avais reconquis ma véritable place dans la maison.

Une fois débarrassée de Vincent, j'étais bien certaine de regagner en peu de temps tout ce que j'avais perdu dans le cœur de ma mère. Mais si je connaissais ma mère, je ne connaissais pas encore Vincent. Non seulement il ne partit pas, mais je suis sûre qu'il n'éprouva pas la moindre hésitation.

Il y a des êtres dont on ne peut pas se défaire; celui-là était du nombre. Si cet homme n'eût pas été un libertin effréné, il eût été certainement l'être le meilleur et le plus doux qu'il soit possible de rencontrer. C'était un chef-d'œuvre de résignation et de patience. Il employait toutes les qualités de sa nature souple, facile et caressante à se tirer des mauvais pas où ses vices le faisaient tomber.

Ma mère garda le lit huit jours, avec des intervalles de fièvre, de délire et d'abattement.

Il la soigna, pendant tout ce temps, avec une tendresse passionnée. Pour l'éloigner de son lit, il m'aurait fallu lui faire une scène, provoquer un scandale. J'en aurais bien eu la hardiesse, car il ne me faisait pas peur; mais, dans l'état où était ma mère, cette scène l'aurait tuée. Il sentit que ce courage-là me manquerait, et il en abusa.

Ma mère lui disait de s'en aller; elle lui faisait les reproches les plus amers. Tout cela glissait sur lui. Personne ne fut jamais moins susceptible. Il conjurait ma mère de lui pardonner; il se mettait à genoux devant elle, lui faisant, pour l'avenir, les plus beaux serments du monde, et rejetant sa faute sur les fumées de l'ivresse, sur un instant de folie. Il allait jusqu'à me supplier d'intercéder pour lui.

Quand il le fit, je le reçus comme il le méritait ; mais je m'aperçus avec terreur qu'il gagnait du terrain, et qu'une fois encore il arriverait à son but.

Ma mère s'adoucissait... pour lui. Elle changeait à vue d'œil ; elle devait souffrir beaucoup, et je lui en voulais de souffrir pour lui.

Tout d'abord, il avait demandé du temps pour arranger ses affaires, mais il traînait les choses en longueur, et ma mère ne le pressait plus. Toute espérance était perdue. Il l'emportait définitivement sur moi.

Je comptai... J'avais seize ans moins un mois !...

On parla de me marier à un ouvrier, pour se débarrasser de moi. Je refusai ; l'homme dont on me parlait me déplaisait. Les ouvriers me faisaient peur. J'avais toujours présentes à la mémoire les scènes de l'insurrection de Lyon. Je n'avais pas assez de jugement pour établir des différences. Pour moi, qui disait : ouvrier, disait : insurgé ; erreur ridicule et dont je n'ai été convaincue que longtemps après. Je refusai, et ce n'est pas là ce que je regrette ; il me semble que je faisais bien en n'acceptant pas de me marier avec un honnête homme que j'aurais trompé ou rendu malheureux.

On me fit mauvaise mine. Vincent en était venu à désirer, et sans en avoir l'air, à presser mon départ. Tout lien affectueux entre ma mère et moi se rompit. Un mois encore s'écoula. J'avais seize ans!... et ma résolution était prise.

Je touche à une circonstance épouvantable et à un jour affreux de ma vie. Mon sort s'est décidé en quelques heures par un coup de désespoir. Il y a eu, dans mon existence, une journée bien horrible. Le matin, j'étais pure; le soir, j'étais perdue.

Bien des femmes sont tombées dans cet abîme; j'ai l'orgueil de croire qu'aucune n'en a mieux et plus vite sondé la profondeur.

Le lendemain du jour dont je parle, j'ai compris que j'étais morte, morte sans retour au monde, dans lequel j'avais vécu jusqu'alors.

J'aurais donné la moitié de ma vie pour racheter le pas que j'avais fait, mais il y a des échelles qu'on ne remonte plus... J'ai accepté ma position de réprouvée et dit adieu au bonheur. Si c'est une expiation de sentir sa déchéance, je puis dire que, pour moi, l'expiation a été complète. Je n'ai pas plus marchandé avec l'opinion que l'opinion ne marchande, en général, avec les femmes tombées où j'étais tombée.

Cela ne veut pas dire que je n'aie pas gardé

d'orgueil vis-à-vis des autres damnés et damnées. Si je disais cela, je recevrais, je crois, beaucoup de démentis.

Mais il n'est pas possible d'être plus humble que je ne l'ai été et que je ne le suis encore devant le caractère sacré des vertus que je n'ai pas eu la force de pratiquer.

J'ai toujours aimé, bien que je n'aie point reçu ce qu'on appelle d'éducation première, à me rendre compte de mes pensées.

J'ai tenu, pour moi-même, une espèce de journal de ma vie; c'est-à-dire que, sous l'impression des émotions ou pénibles ou douces que j'ai traversées, je laissais tomber sur le papier la trace écrite de ce que j'avais éprouvé; fragments sans suite, presque aussi souvent détruits que créés; mais jamais, jusqu'à ces derniers temps, je n'avais songé qu'il pût y avoir un intérêt quelconque dans le récit d'une existence comme la mienne.

Deux sentiments que je ne connaissais pas ont été bien doux à mon cœur. Le premier, c'est que je pouvais plaire autrement qu'en charmant les sens, qu'en un mot on pouvait causer avec moi sans me regarder. J'avais toujours cru que la beauté d'une courtisane était tout; que personne ne s'avisait de faire attention à son esprit. La seconde idée, dont la révélation m'a été également précieuse, c'est que mon sort, qui me semblait, avec raison, si peu digne d'intérêt par lui-même et pour lui-même, en acquerrait peut-être un peu davantage en face des événements qui venaient m'accabler sans relâche. C'est ce qui m'a donné le courage d'écrire le récit de ma vie.

Mais, arrivée au point où j'en suis, je m'aperçois que, s'il est des souvenirs affreux, il est, par cela même, des confessions bien difficiles à faire.

Je voudrais bien ne pas écrire cette page de ma vie, si une confession comme la mienne pouvait avoir des réticences.

Je ne sais quelle publicité est réservée à ces pages, mais, n'eussent-elles qu'un seul lecteur, je ne veux pas qu'il puisse m'accuser d'avoir dissimulé une seule des hontes de ma vie.

Le sentiment qui me guidera dans ce récit est bien supérieur aux divers mobiles qui ont inspiré ma conduite. Je n'ai jamais eu de goût pour les livres obscènes; j'ai fait le mal en admirant le bien; j'ai vécu dans le vice en adorant la vertu, et je vais essayer de raconter, le plus chastement possible, la vie la moins chaste du monde.

Je quittai la maison en me promettant de ne pas revenir, si je rencontrais Denise où j'allais la chercher.

Les moindres détails de ce départ sont présents à ma pensée comme si j'y étais encore.

En descendant l'escalier, je touchai ma poche pour m'assurer que ma fortune — cinq francs — y était bien encore.

Il tombait une pluie fine. J'avais mis mes plus beaux atours, et, pour épargner mon bonnet, je pris un petit fiacre. Je donnai l'adresse au cocher, exactement comme dans mon rêve. En entendant le nom de la rue et le numéro, il resta tout ébahi, sans fermer la portière.

— Est-ce que vous ne savez pas où cela est? lui demandai-je inquiète...

— Si, si, me répondit-il en riant. Et il monta sur son siége.

Le trajet me parut long. Nous arrivâmes devant une belle maison ; le cocher me fit descendre ; j'hésitai avant d'entrer.

— Est-ce bien là que vous allez? me demanda-t-il.

— Je pense que oui, lui répondis-je honteuse. Si vous voulez m'attendre cinq minutes, vous me ferez plaisir.

Il me fit signe que oui, et il s'assit sur son marchepied qui était resté ouvert. Ayant dépassé la porte cochère, je trouvai une barrière grillée, je l'ouvris. Une sonnette s'agita. Ce bruit, auquel je ne m'attendais pas, me fit peur.

Il y avait au fond de la cour d'énormes cuisines. J'allais ressortir, car je devais m'être trompée ; Denise ne pouvait demeurer dans une aussi belle maison ; mais, au moment où j'ouvrais la porte, une voix me dit :

— Qui demandez-vous ?

J'étais embarrassée et je répondis en balbutiant :

— Pardon, madame, je crois m'être trompée... Je demande Mlle Denise ; savez-vous si elle demeure ici ?

— Je n'en sais rien, je ne connais pas les femmes. Je ne monte jamais ; je suis cuisinière. Puis elle appela dans la cour. Fanny !... Attendez, me dit-elle, la femme de chambre va descendre.

Je suis assez loin de ce temps pour qu'on me pardonne un aveu, qui, d'ailleurs, a un rapport avec le triste récit que la vérité me force à faire. J'étais jolie, et, dans le lieu infâme où j'avais mis le pied, la beauté est le plus dangereux des passeports.

Mlle Fanny parut. Je dois dire qu'elle avait l'air personnellement très-désagréable. Cependant, après m'avoir regardée, elle me parla du ton le plus doux et le plus caressant.

— Qui demandez-vous ? ma fille, me dit-elle,

en se mettant en face de moi pour mieux me voir.

— Je demande Mlle Denise.

— Je ne connais pas ce nom-là! La personne que vous me demandez doit en avoir un autre. Au surplus, attendez là un instant, me dit-elle en me montrant le péristyle qui était au bas de l'escalier; je vais vous faire parler à Madame.

J'entrai. Au bout d'un instant, j'entendis qu'on parlait de moi à l'entresol.

— Est-elle agréable?

— Mieux que cela.

— Fais-la monter.

Mlle Fanny vint me chercher et me fit entrer dans une jolie petite chambre qui me parut magnifique.

Une grande et grosse femme entra en même temps que moi, mais par une autre porte. Elle avait dû être remarquablement belle. Ses cheveux étaient gris; ses bandeaux, retenus par une ferronnière garnie de diamants et de rubis; ses mains, étincelantes de bagues d'un grand prix, s'appuyaient à chaque meuble, car son embonpoint l'empêchait de marcher facilement. Elle était couverte de soie et de dentelles, et mise avec tant d'art, qu'à tout prendre cette masse n'avait rien de difforme.

Elle me demanda le nom de famille de la personne que j'appelais Denise... je le lui dis.

— Oui, elle est ici ; mais que lui voulez-vous ?

— Madame, je voudrais la voir, l'embrasser.

— A la bonne heure ; je craignais que vous ne vinssiez pour tâcher de l'emmener. C'est que je ne veux pas qu'on entraîne mes pensionnaires. C'est dans leur intérêt ; je n'aime pas les coureuses.

Elle sonna ; Fanny parut.

— C'est bien celle que nous pensions, que mademoiselle désire voir. Dites-lui qu'on la demande, elle peut descendre comme elle est : c'est une de ses amies.

Puis, se retournant de mon côté, elle m'examina avec attention. Il paraît que le résultat de cet examen la satisfit, car elle me demanda si je voulais me placer. Elle me dit qu'il lui manquait du monde, et qu'elle me garderait avec plaisir, si cela me convenait. Elle s'informa de mon âge, et voulut savoir où j'avais été jusqu'alors.

Je lui répondis que j'avais à peine seize ans, que j'avais toujours demeuré chez ma mère, mais que j'étais décidée à sortir de chez elle.

— Vous n'êtes donc pas inscrite ? me dit-elle étonnée.

— Non, madame.

— Oh! mais alors vous ne pouvez pas rester ici ; dépêchez-vous de partir. Et elle sortit.

J'étais si résolue dans ma funeste détermination, que je me sentis toute désappointée.

Denise venait d'entrer. Elle se jeta dans mes bras.

— Je savais bien que c'était toi; je t'avais devinée! Ma petite chérie, que je suis heureuse de te voir!... Et elle m'embrassait mille fois.

Quant à moi, je ne pouvais lui dire un mot, tant j'étais surprise de son costume.

Elle avait une robe de chambre en satin rose, garnie de cygne; un jupon couvert de broderies; une chemise si transparente, que je voyais sa poitrine au travers. Ses cheveux avaient été frisés la veille et tombaient en désordre sur son cou. Son pied, que je n'avais jamais remarqué, me parut charmant dans sa pantoufle brodée d'or.

— Tu es étonnée de mon luxe, me dit-elle ; reste ici avec moi, tu en auras autant. Je suis heureuse comme une reine.

— Ce n'est pas précisément cela qui me tourmente, dis-je à Denise, dont la coquetterie naïvement vaniteuse me semblait assez ridicule; seulement, je suis si malheureuse à la maison, que je voudrais bien rester ici avec toi. J'étais même venue pour cela; mais il paraît que l'on ne me trouve pas assez jolie. Cette dame qui vient de sortir a pris un prétexte pour me faire entendre que je devais partir bien vite.

— Que tu es sotte, ma chère enfant! Tu ne vois pas que c'est une frime!... Madame n'est pas si bête que de te laisser aller. Elle vient de me dire, en te quittant, que tu étais charmante, et de l'engager à rester. Je vais lui dire que tu veux bien; on va te cacher dans ma chambre jusqu'à ce qu'il soit temps d'aller là-bas.

Denise avait raison, et malheureusement pour moi mes craintes n'étaient pas fondées.

Autant il est difficile à une jeune fille, dans la position où j'étais, de se créer une existence honorable par le travail, autant il lui est aisé de glisser sur la pente du mal.

Les esprits élevés, les cœurs généreux qui ont protesté au nom de l'humanité contre la traite des noirs, devraient bien s'occuper un peu de la traite des blanches.

En mettant le pied sur le seuil de cette maison funeste, je ne devais rencontrer que trop de passions complices de mon égarement.

Denise, qui était sortie, revint au bout de quelques secondes; elle me fit monter quatre étages et m'introduisit dans une chambre à deux lits, meublée simplement.

Dans cette chambre, il y avait deux femmes en train de jouer aux cartes. Une autre lisait dans un fauteuil.

Denise me présenta gravement.

— Mesdames, dit-elle, voici mon amie de la correction dont je vous ai parlé plusieurs fois ; elle vient avec nous.

On me fit un accueil glacial. On me regarda du haut en bas. Ces femmes sont assez malheureuses pour avoir besoin de consolation.

On pourrait croire qu'unies par le malheur et par la honte, elles ont les unes pour les autres cette affection qu'elles ne peuvent plus demander ni à la famille, ni au monde; il n'en est rien. Dans ces asiles ouverts au suicide moral, on trouve les mêmes passions que dans la vie, plus ardentes peut-être, parce qu'elles sont développées par la solitude et par l'oisiveté.

Mes nouvelles compagnes se mirent à chuchoter tout bas. Je n'entendais pas ce qu'elles disaient, mais je n'eus pas de peine à deviner qu'elles étaient activement occupées à me critiquer. Je ne leur en voulus pas trop. Elles me semblaient bien belles, une surtout qui se nommait L... Celle qui lui faisait face était moins jolie, mais ses mains étaient des chefs-d'œuvre de la nature.

Denise me quitta au bout de quelques instants,

pour retourner se mettre en conférence avec la maîtresse de la maison.

Dans son brutal enthousiasme pour l'odieux genre de vie qu'elle avait adopté et auquel elle travaillait à m'initier, elle ne se donnait aucun repos qu'elle n'eût levé les difficultés qui s'opposaient encore à mon admission dans la maison.

Il paraît que ces difficultés étaient grandes, plus grandes que je n'aurais pu me l'imaginer, avant de sonder la profondeur de l'abîme où je me laissai entraîner.

J'ai fait jusqu'à présent, et je compte faire dans la suite de ce récit, assez bon marché de mon caractère et de ma personne, pour avoir le droit de dire le bien comme le mal. Je n'excuse pas mon action, je la raconte.

En interrogeant, après douze années, le souvenir attaché à cette démarche, qui m'a perdue, et qu'on devait me faire payer si cher, je puis me rendre ce témoignage, que l'idée même de la dépravation était étrangère à la résolution que j'avais prise; ce que je démêle de plus distinct au milieu des sentiments confus qui m'agitaient alors, à côté de ma jalousie pour ma mère et de ma haine pour Vincent, c'est un besoin impérieux de savoir comment vivait ce beau monde envié et rêvé par les pauvres. Je me suis damnée par orgueil. Mon corps était plus pur que mon âme, et je suis tombée.

Le sacrifice de la pudeur d'une jeune fille, qui se confond pour la femme honnête avec le bonheur de sa vie et les saintes joies de la maternité, ne me rappelle à moi qu'un souvenir odieux.

Denise était triomphante. Aucun obstacle ne devait plus s'opposer à notre réunion. Quant à moi, j'étais la créature la plus malheureuse qu'on pût imaginer.

Les deux jours que je passai cachée dans cette maison furent pour moi deux jours d'affreux supplice.

La fièvre qui m'avait soutenue s'était subitement affaissée, et n'avait laissé dans mon cœur que le remords, le découragement, un immense dégoût de moi-même et de la vie que j'avais embrassée. Si j'avais eu encore un peu d'exaltation, avec mon désespoir, il est certain que je me serais tuée.

Je me suis donné de cela plus tard à moi-même une preuve convaincante, mais le ressort de mon âme était brisé.

Si j'avais pu effacer de mon existence un affreux moment, j'aurais fui cette maison maudite, mais je me sentais tellement perdue, si bas tombée, que je n'avais plus d'intérêt pour moi-même, ce qui est, soyez-en sûr, le comble de la douleur humaine.

Moralement, je n'étais plus qu'un cadavre. Des volontés étrangères disposaient de moi, comme elles eussent fait d'un automate.

On m'annonça que je devais aller à la préfecture de police pour régulariser ma position. Cette nouvelle me réveilla un peu de ma torpeur.

J'allais nécessairement me trouver en face de ma mère, et je tremblais à la pensée de cette entrevue. Cependant, contre ma mère, j'avais une force dans ce qui me restait de conscience : c'était le sentiment profond, que sans l'abandon où elle m'avait laissée, sans la jalousie qu'elle m'avait mise au cœur, je n'aurais jamais pris un parti si désespéré. Je tremblais donc encore plus à la pensée de me présenter devant M. Régnier.

— Allons, me dit Denise, ne vas-tu pas trembler maintenant? Si tu as l'air de faiblir, il te renverra à la correction; si tu es bien décidée, il ne fera pas de difficultés. On ne peut t'empêcher de faire ce que tu veux, si ta mère y consent; ce qu'elle fera pour se débarrasser de toi.

Mlle Fanny fit avancer une voiture. J'avais fait prévenir ma mère de se trouver rue de Jérusalem, à midi. La première personne que je vis ce fut elle.

Je la remerciai d'être venue; je lui dis que mon parti était pris, que toute objection était inutile.

— Je sais bien que tu me préfères Vincent, que tu ne le quitterais qu'avec douleur; quand même tu le quitterais, d'ailleurs, tu ne pourrais plus me garder; pour éviter tout retour, j'ai jeté ma robe blanche aux orties. Pudeur, conscience, douleur, j'ai tout étouffé! il n'y a plus rien à faire pour moi. Personne au monde ne m'aimait plus; je suis morte pour les honnêtes gens. Ne pleure pas; ce n'est pas de ta faute. Tu es faible; tu as été si malheureuse, que personne ne te blâmera. Laisse ma destinée s'accomplir. L'ambition est entrée dans mon cœur; je deviendrai riche. Et puis, vois-tu, j'ai pris ma classe en dégoût; je n'aurais jamais pu être la femme d'un ouvrier. Ce que tu as enduré de misère et de privations, ce que j'ai vu moi-même me fait peur; malgré moi, mon imagination s'envole vers ce monde brillant, que j'aime mieux approcher, fût-ce en esclave, plutôt que de régner sur mes pareilles!

Le mal a son orgueil comme le bien. Triste orgueil! Je m'exaltais en parlant, et je sentais de nouveau la fièvre me monter au cerveau.

— Folle! me dit ma mère, qui donc t'a ainsi monté la tête? C'est la misère et l'infamie que tu veux me faire accepter pour toi! Oui, j'ai eu des torts, j'en conviens; mais tout peut se réparer. Renonce à ton projet; viens avec moi : je te jure de tout rompre.

— Non, lui dis-je; il est trop tard.

Elle connaissait mon caractère, et n'insista plus.

On me fit entrer dans le cabinet où j'avais déjà paru.

— Comment, c'est vous!... me dit M. Régnier surpris. Que voulez-vous donc?

— Je veux me faire inscrire de suite.

— Vous faire inscrire! dit-il en se levant; et vous avez cru que j'y consentirais? Je vais vous envoyer à la correction.

— Comme vous voudrez, monsieur; en sortant, je reviendrai pour que vous m'inscriviez.

Il me regarda de côté, et me dit :

— Et votre mère consent?

— Oui, monsieur.

— Est-elle ici?

— Oui, monsieur.

Il sonna, et, sans se retourner, il dit au garçon :

— Conduisez cette fille à la toise.

On prit mon signalement, ma taille.

J'étais inscrite sur ce livre infernal d'où rien ne vous efface, pas même la mort!

Je sortis, inondée d'une sueur froide; mes mains étaient glacées.

Denise, qui m'attendait en voiture, me réchauffa de son mieux.

— Qu'as-tu donc? me dit-elle; comme tu es pâle!

— Je ne sais, lui dis-je, mais il me semble que je payerai bien cher cette journée...

Ma mère m'attendait au passage.

— Malheureuse! me dit-elle en fondant en larmes; c'est toi qui l'auras voulu. Que Dieu nous pardonne!

Et elle partit, sans même me donner la main.

Un instant, toute ma tendresse me reprit; je voulais descendre et courir après elle.

Denise me retint.

— A quoi penses-tu? Ne veux-tu pas retourner chez toi, pour te trouver de nouveau entre ta mère et Vincent? Tu la rendrais malheureuse, et toi aussi. Laisse-la donc aller!...

Ce nom de Vincent me mettait toujours en rage. Mon cœur se tut.

Nous rentrâmes. La grosse femme nous attendait.

On me fit entrer dans un joli salon, au premier, et on me commanda un trousseau complet.

On ne me faisait pas grâce d'une minute. Le

lendemain soir, je descendis dans une toilette éblouissante. On m'avait apporté une robe de velours épinglé blanc, des bas de soie, des souliers de satin, et une parure de corail.

Denise ne se sentait pas d'aise. Elle regardait d'un air de triomphe nos compagnes, dont la bienveillance était loin de s'accroître en proportion des progrès de mon élégance improvisée.

La grosse dame paraissait très-satisfaite de sa nouvelle pensionnaire, et me présenta à sa sœur, que, dans la maison, à cause de ce lien de parenté, on appelait ma Tante.

C'était une grande femme maigre, avec des cheveux blancs et des yeux noirs. Elle prit ses lunettes pour mieux m'examiner.

Il faut avoir vécu comme moi dans ces enfers pour savoir ce que la société, au milieu d'un siècle, à bon droit, fier de sa civilisation, est obligée de permettre.

On a peine à comprendre que des créatures humaines puissent s'acclimater dans ces infâmes prisons. L'explication de ce fait est pourtant bien simple. La plupart de ces femmes sont stupides; pour peu qu'on ait d'intelligence, on y meurt ou on en sort. Je n'y étais pas depuis huit jours, que je n'avais qu'une pensée: en sortir.

Il venait dans cette maison des personnes si

distinguées et si riches, que, bercée par les histoires de Denise, je m'imaginais que j'allais trouver tout de suite quelqu'un qui m'aiderait à sortir de là. Mais cela n'était pas aussi facile que je l'avais cru.

Le temps s'écoulait, et ce protecteur inconnu ne se présentait pas. Chaque jour, au contraire, la chaîne qui m'attachait au lieu de mon supplice devenait plus lourde.

Le grand moyen de gouvernement des femmes qui dirigent ces sortes de maisons, est le poids de la dette sous laquelle elles écrasent leurs malheureuses victimes. Il n'en est pas un, de ces Shylocks en jupons, qu'on ne puisse définir ainsi : le spectre de l'usure déguisé en femme. On comptait chaque semaine ; je devais déjà onze cents francs.

J'étais si triste, qu'on craignit de me voir tomber sérieusement malade, et que Madame me permit de sortir avec Denise.

Nous allâmes à la Chaumière.

Nous étions si bien mises, que tout le monde nous regardait sans savoir qui nous étions.

Plusieurs jeunes gens vinrent parler à ma compagne. L'un d'eux parut m'accorder une attention particulière. Toutes les fois que je me tournais vers lui, je voyais ses grands yeux noirs et doux fixés sur les miens. Je ne sais si ce fut par reconnaissance, mais il me sembla avoir une charmante figure.

— Quel est donc ce jeune homme? demandai-je à Denise.

— Adolphe? dit-elle en se retournant.

— Je ne sais pas s'il s'appelle Adolphe, mais c'est celui qui t'a parlé le dernier. Il a une bien jolie tête; c'est dommage qu'il ne soit pas plus grand : cela lui ôte de la distinction.

— C'est vrai, mais c'est un charmant garçon. Il étudie la médecine. Son père était un chirurgien célèbre du temps de l'Empire, qui, ayant une nombreuse clientèle, a fait une grande fortune. Il avait placé cette fortune dans des entreprises lorsqu'il vint à mourir subitement. Les entrepreneurs firent faillite. Sa veuve et son fils se trouvèrent ruinés, sauf quelques milliers de francs, qui leur restaient. Adolphe se mit à étudier; mais il n'a pas eu de chance. Il s'est fait une piqûre en faisant l'autopsie d'un cadavre; il a manqué d'en mourir, et il est resté neuf mois le bras en écharpe. Tu vois comme il est encore pâle. Il paraît que c'est très-dangereux ces coupures-là.

— Comment sais-tu tout cela?

— Il est intimement lié avec un jeune homme que je connais. Ne va rien dire s'ils viennent encore nous parler. Adolphe surtout ne peut souffrir les femmes dans notre position.

Nous avions fait le tour de la moitié du jardin ; les jeunes gens vinrent de nouveau à notre rencontre. M. Adolphe causa quelques instants avec Denise, et nous demanda la permission de venir nous voir.

Denise me serra le bras en riant, et se chargea de la réponse. Elle lui dit que cela était impossible ; que j'étais encore plus tenue qu'elle ; mais que, la première fois qu'elle irait voir son ami, elle m'amènerait.

Quand nous rentrâmes, il me sembla que je détestais encore plus ma servitude qu'avant de sortir, car cela ne nous était permis qu'une fois par mois.

Je comprends très-bien tout le mépris que les hommes ont pour ces créatures. Mais je le comprends surtout de la part de ceux qui, renfermés dans les saintes joies de la famille, ne les ont jamais hantées. Quant aux débauchés, qui passent leur vie à jouer et à courir les tripots, il me semble qu'ils pourraient avoir plus d'indulgence pour les tristes compagnes de leurs honteux plaisirs. C'est précisément le contraire qui a lieu. Les plus corrompus sont les plus insolents, et nul cœur honnête ne pourra savoir ce qu'il faut d'humilité à une courtisane, pour accepter sans mourir ou sans se venger les injures qu'elle reçoit. Je n'avais pas la vocation.

Ma chute n'avait pu ni changer mon caractère, ni dompter mon orgueil. Je continuais d'avoir une très-mauvaise tête et un orgueil effréné. Pendant mon séjour dans la maison où j'étais, j'eus l'occasion d'exercer ces dispositions belliqueuses à l'encontre d'un homme dont la gloire, bien qu'elle soit belle, suffit à peine à faire oublier les mœurs.

Il va sans dire que je ne le nommerai pas; mais, si quelques personnes le reconnaissent, j'aurai la conscience bien tranquille; ce sera de sa faute plus que de la mienne. Je n'éprouve aucun embarras à parler de mes relations avec lui; car, ainsi qu'on va le voir, l'histoire de nos amours n'est pas un échange de tendresses vénales, mais une suite rapide de violences, de querelles et de mauvais tours.

La première fois que je le vis, c'était, je crois, le lendemain du jour où nous avions été à la Chaumière, et j'étais d'assez mauvaise humeur; il me fit une impression que j'aurais peine à rendre.

On me demanda. Je suivis Fanny dans le petit salon.

Il y avait un homme assis près de la cheminée et qui me tournait le dos. Il ne prit pas la peine de me regarder. Ses cheveux étaient blonds ; il était mince et me parut d'une taille ordinaire. Je m'avançai un peu. Ses mains étaient blanches et maigres ; il battait la mesure avec ses doigts sur son genou.

Je me plaçai en face de lui ; il leva les yeux sur moi : c'était un spectre plutôt qu'un homme. Je contemplais cette ruine prématurée ; car il paraissait à peine avoir trente ans, malgré les rides qui sillonnaient son visage.

— D'où viens-tu donc ? me dit-il, comme s'il sortait d'un rêve ; je ne te connais pas.

Je ne répondis rien ; il se mit à jurer.

— Répondras-tu, quand je te fais l'honneur de te parler ?

Je devins rouge et je lui dis :

— Est-ce que je vous demande qui vous êtes et d'où vous sortez ? Ai-je besoin d'un état de services pour me présenter devant vous ? Je vous préviens que je n'en ai pas.

Il continua à me regarder avec son air hébété.

Je me dirigeai du côté de la porte.

— Reste là, me dit-il, je le veux.

Je n'en entendis pas davantage et je sortis.

Je courus raconter à la grosse femme ce qui venait de se passer. Elle haussa les épaules et me dit que j'avais eu tort; que ce monsieur était son meilleur ami ; qu'elle voulait qu'on le traitât bien ; qu'il venait quelquefois passer huit jours de suite chez elle; que d'ailleurs il se recommandait de lui-même, et que c'était un des plus grands littérateurs du siècle.

— Cet homme-là ! fis-je étonnée.

— Cet homme-là.

— Eh bien ! alors, je lui conseille d'écrire moins bien et de parler mieux.

Denise était là ; elle se pencha à mon oreille, et me dit tout bas :

— Elle en est entichée, parce qu'il a beaucoup d'argent, mais c'est un vilain homme, brutal, malhonnête et toujours ivre. Je plains celles qui ont le malheur de lui plaire.

Un violent coup de sonnette fit trembler la maison.

C'était mon ennemi qui se fâchait de ce que je l'avais laissé seul.

— N'y retourne pas, me dit Denise.

— Au contraire, lui répondis-je en regardant la grosse femme ironiquement; je ne suis pas fâchée de voir de près un grand génie. Il y a toujours à gagner dans la société des gens d'esprit.

Je rentrai dans le petit salon.

— Ah! te voilà revenue, me dit-il. Dans cette maison, tout le monde m'obéit ; tu feras comme les autres.

— Peut-être.

— Il n'y a pas de peut-être, et, pour commencer, je veux que tu boives avec moi.

Il sonna ; Fanny accourut.

— A boire! dit-il.

Elle revint avec trois bouteilles et deux verres.

— Voyons, que veux-tu ? veux-tu du rhum, de l'eau-de-vie ou de l'absinthe?

— Je vous remercie ; je n'aime que l'eau rougie, et, dans ce moment, je n'ai point soif.

— Qu'est-ce que cela me fait? je veux que tu boives.

— Non, lui répondis-je, résolûment.

Il jura comme un templier, et ayant rempli son verre d'absinthe il l'avala d'un trait :

— A toi, maintenant, bois ou je te bats.

Il remplit deux verres et m'en apporta un, tout en chancelant. Je le regardai s'avancer vers moi, un peu effrayée de sa menace, mais bien décidée à ne pas céder.

Je pris tranquillement le verre qu'il m'offrait et je jetai le contenu dans la cheminée.

— Oh! dit-il en me prenant la main et en me faisant tourner sur moi-même, mais sans me faire de mal; tu es désobéissante, tant mieux. J'aime autant cela...

Il prit quelques louis dans une de ses mains, un verre plein dans l'autre :

— Bois, me répéta-t-il, et je te les donnerai.

— Je ne boirai pas.

— Oh! dit-il en riant, et en se courbant un peu sur lui-même, quel beau caractère! inaccessible à la peur comme à l'intérêt! C'est égal, tu me plais comme cela. Viens t'asseoir avec moi sur ce canapé et conte-moi ton histoire.

Je m'assis sans rien répondre.

— Tu as été, n'est-il pas vrai, malheureuse et persécutée? Je parie que, comme tes compagnes, tu es au moins la fille d'un général. Sois franche, mon caractère te plaît-il?...

— Il me déplaît affreusement.

— Eh bien, tu n'es pas comme les autres. Elles sont toutes folles de moi, ou elles le disent du moins. Mais que veux-tu? on n'est pas maître de ses sympathies. Je ne peux pas les souffrir, tandis que, toi, tu me sembles originale et tu me plais.

Prends cet or! Tu ne l'as pas gagné; je te le donne. Laisse-moi ; va-t-en !

Je me hâtai de profiter de la permission. En sortant, je le regardai et je le vis qui se versait un verre d'eau-de-vie.

Denise m'attendait à la porte.

— J'avais peur pour toi, me dit-elle. Il paraît que, quand on le contrarie, il frappe, et j'étais venue, au besoin, pour te porter secours.

Je la remerciai en souriant. Dans ce moment, je ne tenais guère à la vie, et s'il m'avait frappée, pour le plaisir de me torturer, de m'humilier, je crois qu'il aurait couru plus de danger que moi.

Je l'avais tant rebuté qu'il ne pouvait plus se passer de moi. Il venait me voir deux ou trois fois par jour. Il avait comme des moments de folie, où il me disait des choses infâmes sans motif. Cela m'exaspérait. Je déclarai que je ne voulais plus descendre près de lui. On me fit sentir brutalement que je ne m'appartenais pas. Je commençais à prendre la grosse femme en horreur. Je descendis la tête montée, et sans attendre qu'il m'adressât la parole :

— Que me voulez-vous encore? Pourquoi tenez-vous à me voir? Votre vue ne m'inspire que du dégoût. Si c'est dans vos nuits d'orgie que vous faites ces belles choses que j'ai lues ce matin, je vous plains, car le lendemain vous ne devez plus reconnaître l'auteur, et c'est dommage. Il vous sied bien de mépriser les femmes et de vous faire leur détracteur! Vous êtes moins qu'un débauché; vous n'êtes qu'un ivrogne. Si vous avez à vous plaindre d'une femme, ce n'est pas une raison pour détester les autres. Vous avez peut-être raison de nous mépriser, mais alors laissez-nous tranquilles.

J'étais un peu inquiète de l'effet de cette fougueuse harangue, dont il avait écouté le commencement en me regardant avec des yeux effarés; mais j'eus bientôt lieu de me rassurer, car, lorsque j'eus fini, je m'aperçus qu'il s'était endormi sur son fauteuil... Je sortis sur la pointe du pied.

Il paraît qu'il ne m'avait pas gardé rancune, car, le lendemain, il vint demander la permission de m'emmener dîner avec lui. Madame se hâta de dire oui sans me consulter.

Je cherchai à me rassurer en pensant qu'il gardait ses excentricités grossières pour l'intérieur de la maison, mais qu'au-dehors il se respectait davantage. Il vint me chercher à six heures et me conduisit au *Rocher de Cancale*.

J'étais vêtue très-simplement, avec une robe et un chapeau que je mettais pour la première fois. Ma toilette me plaisait; je me sentais un peu moins triste, peut-être parce que, pour la seconde fois, j'étais sortie de cette odieuse maison.

Dans les premiers moments, je n'eus pas trop à me plaindre de lui, sauf quelques plaisanteries de mauvais goût, peu généreuses dans tous les cas, que je réprimai de mon mieux.

Le garçon qui nous servait apporta une bouteille d'eau de seltz.

On pourrait donner à deviner en mille l'idée folle qui passa par la tête de l'homme singulier qui m'avait choisie comme victime de ses caprices. Il prit le syphon d'eau de seltz comme s'il voulait se verser à boire, et, dirigeant l'orifice de mon côté, il m'inonda de la tête aux pieds.

Il y a des conditions d'âge et des dispositions d'esprit où cela aurait pu être accepté comme une mauvaise farce; mais j'étais si malheureuse, que ce prétendu accès de folie m'exaspéra. Je versai un torrent de larmes; mes larmes étaient des larmes de rage.

Plus je pleurais, plus il riait. Si j'étais restée une minute de plus dans ce cabinet, je lui aurais brisé la tête, au risque de tout ce qui pouvait m'arriver. Heureusement, je gagnai la porte et je me sauvai en me faisant à moi-même le serment de me tuer plutôt que de continuer cette vie plus longtemps.

J'allai raconter mes peines à Denise.

Heureusement qu'elle-même avait renoncé à son absurde optimisme, car sans cela je l'aurais prise en grippe. Denise était loin d'avoir une nature délicate, mais elle était aimante ; elle avait une âme virile, et notre existence commençait à lui peser autant qu'à moi.

— Prends patience, me dit-elle, et surtout pardonne-moi, car c'est ma faute. C'est moi qui t'ai conseillée ; je le regrette bien, je t'assure. On m'avait trompée comme je t'ai trompée. Je vois clair maintenant ; c'est l'infamie sans profit. Rien ne peut racheter un pareil passé ! Moi aussi, je souffre bien ; j'aime avec toute la force d'un premier amour ; j'aime un homme qui me chasserait s'il connaissait ma position, et je crois que j'en mourrais.

Elle pleurait. Ce fut à mon tour de la consoler et de lui dire : Patience !

Quelle vie, grand Dieu ! que celle que nous menions ! quelles tortures ! Être obligé de rire quand on a envie de pleurer, éveillé quand on veut dormir, prisonnier quand on rêve la liberté, dépendant, humilié quand on paye si cher le peu qu'on possède ! Si on étouffait les malheureuses créatures qui s'y exposent, on leur rendrait service, et il n'y en aurait pas une qui ne dût bénir la main qui lui donnerait la mort !

L'amour se venge cruellement des femmes qui ont profané son image! Soit que leur cœur, éternellement fermé à la tendresse, se fatigue à la poursuite d'un bien qu'elles doivent toujours ignorer, soit qu'elles aient la douleur de ne pouvoir faire partager l'affection qu'elles éprouvent, et qu'elles voient la contagion du mépris s'étendre entre elles et l'objet de leur passsion, alors même qu'elles réussiraient à se faire aimer, l'ombre de leur passé s'assied à leur chevet.

L'amour qu'elles inspirent est troublé comme leur existence, et si elles peuvent donner le plaisir, elles ne peuvent plus donner le bonheur.

Pour ces femmes, rentrer dans la voie du bien est difficile, presque impossible. Si elles ont la franchise d'avouer ce qu'elles ont été, toutes les portes se ferment devant elles.

Quelle est l'honnête femme, mère de famille, qui voudra prendre pour ouvrière, pour domestique une fille perdue? La chute a été volontaire, comment croire à la sincérité du repentir? Le monde n'est pas inhumain, il est incrédule.

La femme craint pour son mari; la mère craint pour son fils, pour sa fille surtout. Elle repousse la pauvre malheureuse, pas toujours par mépris, —les femmes vraiment honnêtes ont le cœur plein d'indulgence et de pitié,—mais par prudence pour ceux qu'elle aime... Essaye-t-on, au contraire, de cacher son passé?... on passe sa vie à trembler... Un hasard peut mettre sur la trace de ce que vous voudriez cacher avec un rideau de votre sang.

Pour la femme tombée si bas, il n'est plus de famille. Vos parents vous renient et cherchent à vous oublier...

Le mariage vous est interdit. L'homme qui voudrait unir son sort au vôtre recule à l'idée d'aller demander votre main au préfet de police.

La maternité, le plus grand bonheur de tous pour la femme digne de ce nom, est la plus affreuse de toutes les tortures... Le premier baiser de votre enfant est une souffrance, sa première parole un reproche, car vous ne pouvez lui nommer son père... Est-ce un garçon ? vous savez que, devenu homme, il vous méprisera. Est-ce une fille? vous n'osez pas la garder près de vous. Le passé, le présent, l'avenir vous le défendent.

Enfin, avez-vous réussi, par un moyen ou par un autre, à échapper à ce gouffre béant, la misère? vous êtes-vous créé une existence sinon heureuse, du moins tolérable?... dix ans, vingt ans plus tard, comme cela m'arrive aujourd'hui, vous avez un ennemi ; il vous jette votre passé à la face : il détruit en quelques instants le résultat de longues années d'efforts, et vous repousse vers l'abîme sans se demander si cette rechute ne va pas vous briser.

Il n'est pas dans mon caractère de rien éprouver avec mesure. Joies, tristesses, affections, ressentiments, paresse, activité, j'ai tout exagéré. Ma vie a été un long excès. Avec de telles dispositions et tant de raisons d'être malheureuse, jugez ce que je devais souffrir, quand, pour plaire et par conséquent gagner le pain du jour, il me fallait supporter la présence d'êtres odieux. Ah! qu'il m'a fallu de courage et de lâcheté pour n'être pas la Henriette de Janin, l'héroïne de *l'Ane mort et de la Femme guillotinée*.

Je roulais ces pensées et mille autres dans mon cerveau brûlé par la fièvre ; je formais les projets les plus extravagants, et, quand j'en avais reconnu l'impossibilité, je me débattais dans mon impuissance. Parfois, lasse de me faire des reproches, lasse de me torturer moi-même de mes remords, je m'en prenais à la société; je me disais qu'il est barbare d'autoriser une enfant de seize ans à consommer ce pacte d'infamie... La loi, qui ne permet pas d'administrer ses biens avant vingt et un ans, laisse une malheureuse fille de seize ans vendre son corps. Je maudissais Saint-Lazare. Je pensais, — je vous vois sourire de mes plans de réforme, — je pensais qu'à tant faire que d'envoyer de pauvres petites filles, abandonnées de leurs parents, dans des maisons de correction, ces maisons de correction ne devraient pas être à Paris, mais à la campagne, afin de laisser entrer le soleil par les fenêtres grillées, afin de permettre aux pauvres petites recluses d'apercevoir les arbres au lieu de ces grands vilains murs qui semblent enfermer l'espérance. La nature détendrait l'âme au lieu de l'endurcir; la pensée remonterait petit à petit à Dieu, et Dieu inspire le devoir. Isoler le mal; comment n'y a-t-on pas songé? Il me semble que cela ne serait pas bien cher, puisqu'on utilise le travail des enfants! Quelques lieues à faire pour revenir au lieu où l'on a failli, c'est quelquefois un monde à traverser.

Je touchais, sans m'en douter, au moment de ma délivrance; mais je devais la payer bien cher. Mes souffrances morales avaient fini par réagir sur ma santé! J'avais la tête lourde, des frissons de fièvre, et je ne pouvais rester ni assise, ni debout, tant je me sentais malade; je me couchai. On vint me dire que je devais descendre au salon après l'heure du dîner. La grosse femme donnait une petite fête aux habitués de la maison. Je ne sais pas ce que j'aurais donné pour prendre quelque repos; cependant, je me levai sans faire une objection.

A neuf heures, il y avait déjà beaucoup de monde réuni. Je m'assis dans un coin... Personne ne fit attention à moi; on causait, on riait... Le champagne bouillonnait dans les verres et dans les veines; ces conversations et ces rires empêchaient d'entendre mes dents claquer... Un frisson me prit, puis une sueur froide; je me laissai tomber sur le canapé où j'étais assise.

Quelqu'un me souleva et me fit sortir.

On me porta dans une autre pièce et j'entendis murmurer au-dessus de ma tête.

— Pauvre fille!... elle est bien malade! c'est un accès de fièvre.

— Oui, dit Fanny, elle se plaignait depuis ce matin; mais, ici, on n'a pas le temps d'être malade.

Je revins peu à peu à moi. La personne qui m'avait accompagnée ou plutôt portée, était un jeune homme de vingt-huit à trente ans. Sa taille était moyenne, sa mise recherchée, mais sévère.

Il me tenait la main et me regardait avec attention. C'était une de ces physionomies qu'on n'oublie pas quand on les a vues une fois : les yeux ternes, quoique mobiles, le nez long, le teint d'un jaune pâle, les lèvres blanches, la respiration silencieuse. Il semblait usé par le travail ou par la débauche.

— Vous êtes malade, mon enfant! me dit-il; il faut vous soigner.

— Me soigner! Où voulez-vous donc que je me soigne?...

Et, poussée par la fièvre, par le regret, par le dégoût de moi-même, je lui dis tout sans respirer, puis je me mis à pleurer... Il m'avait écoutée sans m'interrompre, sans paraître ému!

— Combien devez-vous? demanda-t-il.

Je le lui dis. Il haussa les épaules.

— Écoutez, dit-il, si ce que je vous offre vous convient : je demeure seul; pourtant j'ai un appartement énorme, parce qu'une de mes sœurs arrive à Paris, après ses couches, c'est-à-dire dans deux mois. Voulez-vous habiter son logement? on vous soignera.

Et, sans attendre ma réponse, il sonna, demanda mes effets, mon compte, paya, fit avancer une voiture et me dit de le suivre.

Je demandai la permission de dire adieu à mon amie; il me la refusa, disant qu'il ne voulait pas que je reçusse de visites. Fanny se chargea de faire mes adieux.

Nous fîmes assez de chemin; mon compagnon ne me disait pas un mot. La voiture se ralentit; nous montions. Je vis une station de fiacres, et je lus près d'un bec de gaz : Place Breda.

Nous étions arrivés. L'appartement était au premier; un homme endormi vint nous ouvrir.

— Conduisez mademoiselle dans la chambre du fond; veillez à ce qu'elle ne manque de rien. Si je ne rentre pas, vous préviendrez mon médecin.

— Bonsoir, me dit-il en s'en allant; tâchez de bien dormir : c'est souvent un bon remède. Si vous avez besoin de quelque chose, sonnez, demandez, ne vous gênez en rien; mais sonnez fort, car mon valet de chambre a le sommeil dur.

Je n'étais pas revenue de ma surprise, que la porte de l'allée s'était refermée sur lui.

Je suivis le valet de chambre, qui m'installa dans une jolie chambre fraîchement décorée.

Une fois seule, j'eus bien envie de visiter les chambres qui donnaient dans la mienne. Je ne l'osai pas; je mis les verroux et je me couchai. J'eus dans la nuit une soif dévorante, mais je n'osai appeler.

Le matin, on frappa doucement; c'étaient le médecin et le valet de chambre.

— Une minute, dis-je.

Je passai une robe; ils causèrent en attendant; j'entendis :

— Il ferait bien mieux de se faire soigner lui-même; cette maladie de langueur lui jouera un vilain tour. Et vous dites qu'il a amené cette femme cette nuit!... Où aura-t-il trouvé ça? Il finira par se faire voler! S'il continue, j'écrirai à son père.

J'ouvris la porte, à moitié nue; cette conversation me faisait mal. Je répondis à demi-mot à ce médecin, qui sortit en disant : « Elle n'a rien. »

M. L... rentra à dix heures, plus pâle que la veille.

— Eh bien, me dit-il, vous n'avez rien... tant mieux! C'est égal, soignez-vous!

Il me fit donner à déjeuner, me demanda ce qui me manquait pour ma toilette, et partit jusqu'au lendemain.

Je restai ainsi huit jours, le voyant à peine une heure par jour. J'allais un jour bien, un jour mal. Enfin, je restai deux jours sans me lever, avec des douleurs à la tête. Je n'osais plus demander le médecin. Quand M. L... entra dans ma chambre, il recula en me voyant.

— Vite, dit-il au domestique, le médecin de suite... Elle est pourpre; elle va avoir une fièvre cérébrale.

En effet, ma tête me semblait un volcan qui va éclater.

Le docteur se fit attendre deux heures. Il arriva tout poussif d'un déjeuner en ville, qu'il raconta dans tous ses détails avant de me regarder. L..., toujours calme, lui montra mon lit du doigt.

— Ah! c'est vrai, dit-il, en ouvrant les rideaux pour voir clair.

Puis il vint me regarder.

— Grand Dieu! s'écria-t-il en pâlissant, pourquoi m'a-t-on appelé si tard? Elle va avoir la petite vérole; elle a un commencement de fièvre cérébrale ; elle brûle. L'une de ces maladies se traite à froid, l'autre à chaud. Il sera très-difficile de la soigner ici; cependant je vais faire une ordonnance.

Il sortit. M. L... et le valet de chambre le suivirent. Je restai seule ; je me jetai en bas du lit; j'écoutai à la porte. Le docteur disait :

— Vous voilà bien avancé, qu'est-ce qu'on va dire si elle meurt ici, chez vous? et puis c'est un mal contagieux.

— Ah! dit le domestique, monsieur la fera servir par qui il voudra, mais je n'entrerai plus dans sa chambre.

M. L... semblait très-affecté.

— J'avoue, dit-il, que ce que je crains le plus au monde c'est la petite vérole. Nous ne pouvons cependant pas laisser mourir cette pauvre femme comme un chien, et quand je devrais la soigner moi-même, je ne l'abandonnerai pas. Mais voyons, docteur, est-ce qu'on ne pourrait pas la conduire dans une maison de santé? Je payerais bien volontiers tous les frais.

— Non, répondit le docteur; la changer de place en ce moment est impossible: ce serait vouloir la tuer. Je vais tâcher de vous envoyer une garde-malade.

Il prescrivit quelques remèdes, et je l'entendis marcher et sortir.

Je me redressai ; je serrai ma tête dans mes mains pour en faire jaillir une idée. Ma tête me brûlait les doigts et semblait consumer mes pensées. Je mis mon chapeau resté sur une table, ma robe, mon manteau; j'ouvris une porte ; je traversai une pièce, puis deux, sans rencontrer personne; enfin l'antichambre, l'escalier.

En bas, les forces me manquèrent; j'appuyai mon front sur la pomme de cuivre, pour tâcher de me rafraîchir, et, faisant un effort surhumain, je secouai ma volonté dans le bandeau de feu qui la comprimait. Je montai dans un fiacre qui se trouvait en face de la porte, et je dis au cocher en me roulant sur la banquette :

— A l'hôpital Saint-Louis.

IX

L'HOPITAL SAINT-LOUIS.

J'avais fait la route sans souffrance... je m'étais évanouie ! Le cocher s'apercevant que j'étais tombée sans connaissance, au fond de sa voiture, avait demandé au concierge de l'hospice de l'aider à me descendre. On était allé chercher le médecin de service qui m'avait fait transporter dans une salle et me portait tous les soins nécessaires.

Quand je revins à moi, il me demanda ce que je voulais. Je me regardai et je compris : cette robe et ce manteau de soie, ce chapeau à fleurs l'étonnaient.

Je lui dis que j'avais la petite vérole, que cela

avait effrayé tout le monde, et que je venais me faire soigner à l'hospice.

Il me fit tourner au jour, me passa le pouce sur le front et dit avec tristesse : « Oui, c'est vrai, mais c'est une grande imprudence que vous avez faite là. » Il me fit conduire dans une salle ; une heure après, j'avais le délire. Je restai dix jours sans avoir un éclair de raison. Enfin les deux maladies, après s'être disputé ma vie, se séparèrent. La petite vérole resta seule. Je fus aveugle dix-sept jours ; je m'entendais plaindre de chaque côté de mon lit ; les sœurs me soignaient avec une tendresse maternelle. Je remerciais sans voir.

Les exhortations à la patience, à la résignation que me faisaient ces bonnes sœurs, me donnaient un peu de courage. J'en avais besoin, car, au dire des médecins, ma maladie était une des plus graves qu'ils eussent rencontrées. J'avais sur la figure comme un masque de poix de plusieurs lignes d'épaisseur, qui me fermait les yeux et les narines.

Je priais Dieu de me pardonner, de me rappeler à lui s'il trouvait que j'avais assez souffert. Alors une voix douce disait à côté de moi :

— C'est mal, ma fille, de demander la mort. Vous êtes si jeune, vous avez le temps de vous repentir !

Puis on me passait une plume et de l'huile sur la figure, et on soulageait l'âme et le corps malades.

Saintes femmes, que Dieu a faites à son image, que de charité et d'abnégation ! Toujours en face du malheur, de la souffrance, de la mort, sans bouger, vous mourez à la peine, comme de bons soldats sur la brèche.

J'entendais le médecin demander le matin :

— Comment va le numéro 15 ?

C'était moi.

La bonne sœur répondait :

— Mieux, docteur ; j'espère qu'elle ouvrira les yeux demain ou après.

Je fis un bond de joie !

— Lui graisse-t-on bien la figure ?...

— Oui, docteur, je le fais moi-même toutes les demi-heures.

— Bien, dit-il en me touchant les joues ; si elle ne se gratte pas, elle sera peu marquée. Les boutons sont en grande quantité, mais petits.

— Elle est raisonnable, dit ma bienfaitrice en arrangeant ma couverture.

Sa main était près de ma bouche, je l'embrassai. J'entendis ma joue résonner sous ses doigts comme si j'avais eu un masque en carton.

— Ah! me dit-elle, vous n'êtes pas sage; si vous vous écorchiez, la place marquerait.

Je n'entendis plus rien; on était passé à d'autres.

Trois jours après, mes yeux commencèrent à s'ouvrir comme ceux d'un petit chat. On me défendit de chercher à les ouvrir trop vite, mais ce fut plus fort que moi; je fis un effort et je sentis un léger déchirement. Mes yeux s'ouvrirent tout grands, sans que leur lumière fût altérée.

Je cherchais quelqu'un, que je devinai à son approche.

— Ah! c'est vous qui m'avez soignée! Que vous êtes bonne; que je suis heureuse d'avoir recouvré la vue pour vous connaître!

— Oh! la vilaine désobéissante!... Si c'est comme cela que vous me remerciez, dit-elle fâchée, je vous laisse...

Et elle fit mine de s'éloigner.

— Ma sœur, ne me quittez pas, ou je vais pleurer; laissez-moi être heureuse du bien que vous m'avez fait!

— Pourquoi avez-vous ouvert vos yeux? Vous n'avez plus un cil!

— C'est un petit malheur, ne me grondez pas; j'étais si pressée de vous voir, de vous remercier!

— C'est Dieu qu'il faut remercier, me dit-elle en me montrant le grand crucifix suspendu au milieu de la salle.

— Eh bien ! portez-lui vous-même mes actions de grâces, elles arriveront plus sûrement à lui.

La coquetterie est un péché. J'aurais bien voulu me voir, mais je n'osais demander une glace. Elle devina ma pensée, car elle recommanda à mes voisines de ne pas m'en prêter. Vaine recommandation ! Profitant d'un moment où la bonne sœur était sortie, je fis si bien, qu'une jeune fille couchée en face de moi me passa une boîte à ouvrage, avec un miroir au fond.

Je l'ouvris, l'approchai de ma figure...; je poussai un cri d'horreur !... Je l'éloignai, la rapprochai comme une bête sauvage qui voit du feu !... Je lâchai la boîte ; je tombai sur mon oreiller. Les larmes vinrent et dégonflèrent mon cœur.

Il y avait, au n° 17, une pauvre femme qui s'était donné un coup au genou ; elle ne l'avait pas soigné. Le mal était devenu si grave qu'il fallait lui couper la jambe.

Dans de semblables opérations, le chirurgien se fait accompagner de ses élèves. Ils sont quelquefois six ou huit. Ce jour-là, ils arrivaient les uns après les autres, se promenaient dans la salle, visitaient quelques malades, regardant à chaque pied de lit la pancarte du malade, dont souvent les rideaux sont fermés. Deux de ces jeunes gens s'arrêtèrent à mon lit et lurent : « Céleste... petite vérole. — fièvre cérébrale ; entrée le... »

— Tiens, dit l'un des deux, il faut que je voie celle qui s'est sauvée de ce mauvais pas-là.

Il ouvre les rideaux au pied du lit.

— Oh! fis-je stupéfaite...

Je venais de reconnaître dans celui des deux jeunes gens qui parlait l'ami de M. Adolphe, et, dans l'autre, M. Adolphe lui-même. Le premier passa dans la ruelle de mon lit et me toucha la figure.

— Elle ne sera pas trop marquée... Regarde donc comme elle a été soignée...

— Oui, fit son compagnon en s'éloignant d'un air distrait, comme un homme qui regarde sans voir.

— Est-il bien possible? dis-je en le suivant des yeux...

— Oui, me dit son ami, croyant que je lui parlais des marques de petite vérole qui me couvraient le visage.

Et il fit un mouvement pour s'éloigner.

Je le retins par son habit et lui dis :

— Un mot, je vous en prie? Y a-t-il longtemps que vous n'avez vu Denise?

Il me regarda étonné.

— Ah! vous ne me reconnaissez pas! Comment me reconnaîtriez-vous, au surplus? Vous ne m'avez vue qu'une fois, et depuis, je suis devenue méconnaissable. J'étais avec Denise à la Chaumière, il y a trois mois. Vous avez causé avec elle et avec moi.

Il ne trouvait pas un mot à me répondre, tant il était saisi ; puis, comprenant tout ce que son silence avait de pénible pour moi, il fit un effort pour se remettre et me dit :

— Oui, je l'ai vue, il n'y a pas longtemps. Comme vous aviez promis de venir déjeuner un jour avec elle, mon ami la tourmentait toujours. Denise nous a dit que vous étiez à la campagne.

— C'est moi qui l'avais priée de le dire ; elle-même ne sait pas que je suis ici. Je le lui ai caché jusqu'à présent. Mais je voudrais bien la voir ; dites-le lui. Si votre ami savait que c'est moi qu'il a désiré revoir, il regretterait ce désir: je dois faire peur à tout le monde.

— Ne croyez donc pas cela ; il sera charmé de vous retrouver.

— Non, je vous en prie, ne lui dites pas que je suis là.

Il me le promit, me dit qu'il m'enverrait Denise et s'éloigna.

J'entendis des talons résonner sur le parquet. Je compris qu'on revenait à mon lit, je me sentis toute troublée. Était-ce de peine ou de plaisir? Je crois plutôt que c'était de plaisir.

Monsieur Adolphe, la tête nue, les cheveux en arrière, l'air triste, me tendit la main.

— Pauvre fille, me dit-il, si j'avais su, il y a longtemps que je serais accouru. Je suis de la salle voisine, j'ai entendu parler de vous, je suis venu vous regarder ; mais j'étais si loin de me douter que celle à qui je pensais était à côté de moi! Car j'ai joliment pensé à vous, me dit-il en me serrant la main.

La visite commençait; il me quitta en me disant :

— Je reviendrai.

Je passai ma main sur mon front ; tout cela me paraissait un rêve. Je voulus m'arranger les cheveux ; ils tombaient à poignée. Cela me fit plus de peine que cela ne m'en aurait fait auparavant. J'avais le cœur plein de cette visite. Le lendemain, je reçus des biscuits, des confitures, du sucre, enfin tout ce qu'on peut envoyer à une malade.

Le jeudi, Denise vint me voir. Elle passa deux fois devant moi sans me reconnaître. Cela me fit un mal affreux! Enfin, je l'appelai... Elle se jeta à mon cou et pleura si fort, que je fus obligée de lui dire de se taire; elle était si expansive qu'elle aurait mis toute la salle en émoi.

Un peu remise, elle me demanda ce que j'allais faire en sortant; que je ne pouvais pas compter retourner là-bas.

— Si j'y étais forcée, lui dis-je, je regretterais de n'être pas morte ici. Non, je veux louer un cabinet quelque part. Je me suis sauvée de chez M. L... parce que j'étais malade; je lui ai laissé mes effets; je vais te donner un mot pour lui. S'il veut me les rendre, tu les vendras pour me faire un peu d'argent, et je louerai un garni.

— Mais, me dit Denise, tu ne pourras pas; c'est défendu, tu te ferais arrêter.

— C'est vrai; eh bien! je prierai M. Adolphe de le faire pour moi : il ne me refusera pas. Je lui dirai que je suis trop jeune.

J'écrivais d'une façon illisible; pourtant il fallait écrire à M. L... et je commençai :

« Monsieur,

» Vous avez été si bon pour moi et d'une façon si désintéressée, que je suis honteuse de vous importuner. Je relève d'une longue maladie... Je me suis sauvée de chez vous, parce que j'ai entendu votre conversation avec le docteur, et c'eût été de l'ingratitude à moi de vous exposer à une maladie contagieuse. Je vous ai laissé le peu d'effets que je possède; si vous voulez les remettre au porteur, je serai deux fois votre obligée. Je n'irai pas vous remercier moi-même, je vous ferais peur. Croyez-moi votre reconnaissante

» CÉLESTE. »

Denise revint le dimanche. Elle avait tous mes effets, plus cent francs pour m'aider en sortant. C'était assurément bien bon et bien généreux de sa part. Je ne puis jamais penser à M. L... sans éprouver un vif sentiment de gratitude. Je l'ai rencontré bien des fois depuis. Il ne me reconnaît pas et il a sans doute oublié ce souvenir de sa jeunesse.

Moi, quand je le rencontre, je le suis des yeux jusqu'à ce que je le perde de vue.

Il est toujours le même, lent, grave et mélancolique. C'est un homme qui, avec beaucoup d'intelligence et de bonté, ne doit pas avoir su tirer parti, pour son propre bonheur, des facultés qu'il avait reçues de la nature.

En recevant mes affaires et les cent francs que m'apportait Denise, j'éprouvai une joie d'enfant.

— Vois-tu, lui disais-je, je vais me louer un trou. On m'a dit que j'avais une jolie voix; je vais travailler, et je tâcherai d'entrer dans un théâtre.

Je finirai par gagner de l'argent, et quand j'aurai un engagement, je pourrai être rayée. M. Adolphe m'aidera; il m'a promis de s'occuper d'un petit logement.

Trois jours après, il m'annonça qu'il avait loué rue de Buffaut, une chambre et un cabinet. Ma convalescence avançait; ma sortie fut fixée à huit jours de là.

Denise vint me chercher. M. Adolphe m'attendait en bas, et me conduisit dans mon nouveau domicile, où il promit de venir me voir.

La chambre qu'on m'avait louée était au rez-de-chaussée sur le derrière. La croisée donnait sur une pension de petits garçons. Aux heures de récréation, c'était un tapage qui, au lieu de m'ennuyer, me plaisait. J'ai toujours aimé les enfants : je les regardais derrière mes rideaux donner leur pain aux pierrots, qui avaient l'air de jouer avec eux. Je les trouvais bien heureux. Quand ils rentraient, toute ma tristesse me reprenait.

Qu'allais-je devenir? J'avais de quoi vivre pendant un mois, mais après!... Puis, involontairement, je regardais ma figure, et je pleurais. Je ne pouvais encore sortir, j'étais toute rouge, et les médecins m'avaient bien avertie que, si je m'exposais à l'air, mes marques dureraient longtemps.

M. Adolphe vint me voir deux fois. L'intervalle qu'il mit de la première à la seconde visite me parut un siècle; il s'en aperçut, et me raconta qu'il venait d'être reçu chirurgien à l'hôpital militaire de Versailles; que si je voulais y aller passer quelques jours, l'air ne pourrait me faire que grand bien. Je refusai, car je vis qu'il me l'offrait par bonté. Il me donna son adresse et me fit promettre de lui écrire.

Dès que je pus sortir sans inconvénient, je songeai à mettre mes projets à exécution. J'étais décidée à faire tout ce que je pourrais pour entrer dans un petit théâtre.

Je me fis la plus belle possible, je mis un voile noir, et je m'en allai au théâtre Beaumarchais. Je demandai le directeur. Il refusa de me recevoir. J'insistai... il me fit attendre, et me reçut au bout de deux heures.

C'était un gros homme, un peu négligé dans sa toilette. Ses cheveux étaient grisonnants; je crois que, ce jour-là, il avait oublié de les peigner.

— Que me voulez-vous? me dit-il en me regardant de la tête aux pieds!

— Monsieur, je voudrais entrer au théâtre.

— Ah! vous croyez que cela se fait comme cela!... D'où sortez-vous?

J'avais envie de lui répondre : de chez moi. Je

pensai que cela ne le satisferait pas et je me tus.

Il se leva, me conduisit en me demandant :

— Vous n'avez jamais joué ?

— Non, monsieur ; mais, si vous vouliez, j'essayerais.

Nous étions à la porte, où il m'avait poussée plutôt qu'accompagnée.

— Elles sont toutes les mêmes...; elles se figurent qu'il n'y a qu'à aller trouver un directeur et lui dire : « Je voudrais jouer !... »

Il me faisait la grimace en me parlant ainsi.

Je n'ai jamais aimé à prier ; je me fis aussi grosse que lui ; je tins la porte ouverte, puis prête à la fermer, je lui dis :

— Il me semble, monsieur, que l'on ne vient pas au monde en jouant la comédie. Quand vous représentez des petits enfants, vous prenez des poupards en carton ; or j'ai l'âge voulu pour apprendre ; j'ai cru qu'il fallait aller dans un petit théâtre. Je me suis trompée, je vais m'adresser à un plus important.

Ma sortie parut le vexer, car il me dit :

— L'Opéra est rue Lepelletier.

— Merci, monsieur, je vais au petit Lazary !

— Insolente ! cria-t-il en fermant sa porte.

Sur le boulevard, je me mis à réfléchir que, si

tout le monde était comme lui, il fallait y renoncer. J'étais arrivée au boulevard du Temple. J'entrai aux Délassements. Ce fut le concierge qui me questionna en fumant sa pipe. Il me renvoya moins poliment que l'autre.

J'entrai à deux portes plus loin. Un homme, qui avait l'air d'une vieille femme déguisée, me fit entrer dans un petit cabinet. Il y avait écrit sur sa porte : Régie !

Il resta dans son fauteuil, mit ses mains dans ses poches, me fit causer une heure; pendant ce temps, il caressa son gros ventre, ses cheveux gris, prit une énorme prise et me dit :

— Il nous manque une figurante danseuse, pouvez-vous danser à sa place ce soir ?

Je lui dis que je ne doutais pas que, si l'on voulait me montrer, j'apprendrais très-vite.

— Que le diable vous emporte! me dit-il en secouant le tabac tombé sur son jabot; on m'avait promis de m'envoyer une vieille coryphée de l'Opéra. Je vous écoute depuis une heure, croyant que c'est elle.

J'avais seize ans et demi !... Je sortis, rouge de dépit.

J'allai aux Funambules. J'entrai hardiment, décidée à ne m'en aller que désolée par tout le monde. Là, me disais-je, on joue la pantomime ;

j'en saurai toujours bien assez. Oh ! que je m'étais trompée !... on ne voulut pas m'entendre. J'étais trop maigre, et je n'avais pas les poignets assez vigoureux. Les femmes faisaient des combats au sabre.

Je rentrai chez moi, le cœur gonflé, les jambes brisées.

Le lendemain, Denise vint me voir ; elle s'étonna de me trouver si blanche de peau, et me dit que je ne serais pas trop grêlée ; j'avoue que cela me fit plaisir.

— Je viens passer la journée avec toi, ou plutôt, je viens te chercher. Je t'emmène dîner chez une de nos anciennes connaissances.

— Qui donc ?

— Devine.

— Folle, comment veux-tu que je devine ?

— Marie la Blonde ! Tu sais, celle qui m'a écrit, le dimanche que je l'ai reconnue à la messe ; elle vient de s'acheter des meubles. Nous allons pendre la crémaillère chez elle, rue de Provence.

De même qu'il y a deux routes dans la vie, la route du bien et la route du mal, de même il y a deux séries de relations et d'intimités.

J'étais engagée dans la voie mauvaise ; j'étais prédestinée à faire ma société des femmes qui y marchaient comme moi. J'acceptai la proposition de Denise.

Mlle Marie avait un petit logement au rez-de-chaussée, tendu en laine bleue, avec des rideaux de mousseline blanche. Cela lui allait au teint, et je la trouvai plus jolie; elle était couchée sur son divan.

— Ah! te voilà avec ton amie. Je suis bien contente de vous voir toutes les deux. Vous venez dîner avec moi?

— Oui, répondit Denise, qui était à son aise partout, et qui agissait chez Marie comme chez elle; j'ai pris la liberté d'amener Céleste.

— Tu as bien fait, je t'en remercie.

— Comme c'est gentil ici! me dit Denise.

— Oui, fit Marie, mais c'est mon sixième ménage; on me les vend tous.

— Parbleu, tu fais des billets et tu ne les payes pas!...

— Ah! cette fois, je le garderai! Où demeurez-vous? me dit-elle...

— Moi, je demeure rue de Buffaut.

— Vous êtes en garni?

— Oui, et je m'ennuie bien toute seule.

— Voulez vous venir demeurer avec moi?...

Je regardai Denise, qui me dit:

— Tiens, ce n'est pas une mauvaise idée! Tu

n'auras rien à payer. Oh! c'est que vous n'avez guère le même caractère.

— Bah! je ne suis pas méchante, dit Marie, en me tendant la main.

— J'accepte, mais à une condition; c'est que je payerai la moitié du loyer, dès que je le pourrai.

S'il ne faut que cela pour vous garder, dit Marie, je veux bien.

Mon mois était fini. Il fut arrêté que j'emménagerais le lendemain. Je n'en dormis pas de joie.

Je demeurai pendant plusieurs mois avec elle... C'était une excellente fille! mais elle n'avait pas le moindre ordre, et nous déménagions tous les trois mois; chaque jour elle s'étonnait de ce qu'on n'avait pas encore vendu son mobilier. Nous ne nous quittions pas, et cette vie de Bohême, sans être plus honnête que celle que je venais de quitter, me dégoûtait moins.

Quand nous allions à quelque dîner, à quelque souper, je n'étais pas jolie, mais j'étais la plus gaie, souvent la moins bête.

J'allais, de temps en temps, passer quelques jours à Versailles. Ma liaison avec M. Adolphe était, de beaucoup, ce qui me tenait le plus au cœur. J'ai éprouvé, dans le cours de ma vie, des sentiments autrement profonds, autrement durables que ceux que j'avais pour lui; mais il y a, dans un premier amour, une illusion qu'on ne retrouve pas plus tard.

A force de me figurer que je l'adorais, j'en étais venue à lui faire une grande place dans ma vie, et à me rendre très-malheureuse à cause de lui; car il était loin alors de m'aimer autant que je l'aimais; mais il était très-bon et faisait pour moi ce qu'il pouvait, même plus qu'il ne pouvait.

J'avais été prendre un livret à la Caisse d'épargnes. Je déposais dix francs, vingt francs le dimanche, sans jamais y manquer.

Quand j'eus trois cents francs, je fis venir la marchande de meubles de Marie, et je lui demandai bien humblement si elle voulait me meubler une chambre; que je lui donnerais mes trois cents francs d'à-compte. C'était bien la plus grande voleuse de la terre.

Elle me répondit qu'elle s'intéressait à moi; qu'elle voulait bien; qu'elle mettrait le loyer à son nom; que je lui ferais des billets à cinquante francs par mois; que les derniers étant à de trop longues échéances pour les passer dans le commerce, je lui en ferais de plus gros qu'elle payerait, de sorte que, pour mille francs de meubles, je lui donnais deux mille francs.

Je n'avais pas le choix, j'acceptai avec reconnaissance.

Marie fut toute triste en apprenant le parti que j'avais pris.

— Tu vas me quitter? me disait-elle; adieu l'économie! dans un mois je n'aurai plus rien!

— Je te verrai tous les jours; nous sortirons ensemble; tu viendras dîner avec moi, si tu veux; mais, tu comprends bien, ma chère Marie, que je ne peux pas rester à perpétuité chez toi.

— Ça me désole, me disait-elle; quand tu seras partie, ma chambre va me sembler si triste! Je ne rentrerai plus.

— Tu ne feras pas cela, ma chère Marie; tu es jeune, jolie, mais tu ne seras pas toujours ainsi. Tu gâches tout sans penser à l'avenir : il faut te placer un peu d'argent.

— Ah! bah!... est-ce que je peux!... Quand j'ai de l'argent, c'est comme de la neige... j'ai beau fermer la main, il fond.

— Mais quand tu seras vieille, que feras-tu?

— Oh! me dit-elle en riant, je ne serai jamais vieille; je me tuerai jeune.

— On le dit, mais on ne le fait pas. Il faut bien du courage, et tu n'as que celui de dormir!

Elle se mit à rire d'une façon si étrange, que je fus convaincue qu'elle pensait ce qu'elle disait, et que j'éprouvai le même pressentiment qu'elle-même sur l'avenir qui l'attendait.

Quelques jours après mon installation dans ma nouvelle chambre, je reçus la visite de M. Adolphe. Il venait me proposer d'aller avec lui à une petite soirée que donnait un de ses amis de Versailles.

J'acceptai. J'avais mis ce que j'avais de plus beau; avec une robe de barége noir, on ne fait pas grand effet! J'étais bien modeste, mais heureuse d'être avec lui : car je le soupçonnais, depuis longtemps, d'avoir une autre liaison parmi les femmes de la société de son ami, et rien ne venait confirmer mes soupçons.

On me pria de chanter; je fis de mon mieux... On m'avait fait une si grande réputation de gaieté, que j'étais obligée de la soutenir. Tout le monde m'adressait des compliments; M. Adolphe semblait en être fier, quand tout d'un coup la scène changea. Une femme venait d'entrer dans le salon; elle avait une toilette splendide, et fit à tout le monde un petit signe de tête protecteur, qui annonçait une personne sûre de son influence.

— Ah! voilà Louisa Aumont, s'écrièrent plusieurs jeunes gens en allant au-devant d'elle.

Nos yeux se rencontrèrent et se répondirent par un éclair de haine et de jalousie.

Louisa Aumont alla droit au maître de la maison, l'emmena dans l'angle d'une croisée, et lui dit assez haut pour que tout le monde l'entendît :

— Je vous avais prié de ne jamais inviter de femmes, surtout celle-là!... Je vous ai dit ce que c'était... je ne veux pas me rencontrer avec de semblables filles!...

Où puisait-elle une pareille audace? Était-ce la jalousie qui l'égarait? Savait-elle réellement le secret de mon passé?

Tout mon sang tomba sur mon cœur.—M. Adolphe se mordait les lèvres; mais il laissa passer cette insulte.

Je me levai. Tout le monde avait entendu; personne n'osa venir à moi. Je m'approchai d'Adolphe et je lui dis d'une voix concentrée par la fureur :

— Vous auriez dû demander à madame la permission de m'amener; si vous n'osez pas me défendre, aurez-vous au moins le courage de me suivre?

— Pourquoi voulez-vous donc partir?... me dit-il d'un ton embarrassé; vous êtes là, restez-y.

Je compris, mon doute devint une certitude, et je partis comme une flèche.

La porte n'était pas fermée sur moi que je fondis en larmes. J'attendis deux heures dans la rue, espérant qu'inquiet de moi, il allait me suivre;

mais rien! J'eus peur de mon désespoir; je courus vers la route de Paris et je marchai toute la nuit, écoutant mes pas... Il me semblait que le vent m'appelait. Je me retournais, m'arrêtais, et puis, doutant de moi, je reprenais ma course.

J'arrivai chez moi brisée de fatigue, plus brisée encore d'émotions... J'attendais, j'espérais pour le lendemain, une lettre, un mot d'explication !... Rien, rien; pas un regret, pas une excuse, pas un souvenir !

Cette première déception eut la plus fâcheuse influence sur ma vie. J'étais dans cette situation de cœur et d'esprit qu'une affection douce et honorable aurait pu me sauver du désordre.

Je devins ambitieuse et implacable.

Marie s'aperçut du changement de mes impressions, malgré les efforts que je faisais pour dissimuler mes douleurs et pour concentrer en moi-même les sentiments nouveaux qui m'agitaient.

— Qu'as-tu donc? me disait-elle sans cesse, tu me sembles toute triste, toute préoccupée.

— Je n'ai rien.

— Tu me trompes; tu me caches quelque chose.

Elle insista avec une telle persévérance d'intérêt, que je sentis mon cœur se fendre et que je laissai échapper mon secret.

— J'aime un homme qui ne m'aime pas. Je l'aime avec soumission, douceur. Il abuse de moi ; il joue avec mon cœur. J'ai bien souffert, va ; mon âme s'est endurcie. Il m'aimera un jour, je le veux, et je lui rendrai ce que je souffre... Quand j'aurai usé cet amour, je sens bien que je détesterai celui qui me l'a inspiré. Je n'aimerai plus que mon idée fixe : être au premier rang de ces femmes perdues, qu'on admire, qu'on aime ! pourquoi ? probablement, parce qu'en elles il n'y a plus de ressources... Le cœur et l'âme sont morts. Il ne reste qu'une machine, mais cette machine est couverte de cachemires, de dentelles et de diamants. Quand je serais mille fois plus jolie, que ferais-je de ma beauté et de ma jeunesse à côté d'elles ? Je ne suis pas laide à faire peur ; j'espère même être mieux dans un an ou deux : j'attendrai. J'ai une volonté de fer ; je deviendrai comme Louisa Aumont.

— Qu'est-ce que c'est que Louisa Aumont ?

— Louisa Aumont ! c'est ma rivale.

Et je lui racontai toute la scène de la soirée de Versailles, l'humiliation que j'avais subie, et l'abandon où m'avait laissée M. Adolphe.

Marie paraissait aussi effrayée de mes plans de vengeance, que je l'avais été quelques jours auparavant de ses pensées de suicide.

— Bah! au lieu de broyer du noir, comme tu le fais, tu ferais peut-être mieux d'aller voir ton ami et de te réconcilier avec lui ; on n'est pas fier quand on aime!

— Chacun a son caractère... Je ne consentirai jamais à m'abaisser à la prière.

— Je te donne huit jours !...

— Tu verras ; il aime cette femme, mais il reviendra... Je ferai tant et tant qu'il entendra parler de moi! C'est son luxe qui lui plaît ; j'en aurai plus qu'elle!...

— Viens au bal, ce soir, à la Chaumière, me dit Marie...

— Non, à Mabille !...

— Est-ce joli, me dit-elle ?

— Je n'en sais rien.

— Je n'y suis jamais allée ; j'aimerais mieux la Chaumière !

— Alors, je ne sortirai pas, car je ne veux pas le rencontrer... Il vient à Paris; c'est là qu'il ira. Si je le rencontrais avec cette femme, je souffrirais trop.

— Ah! tu es plus forte que moi, me dit-elle ; moi, j'irais comme un papillon me brûler au feu !...

— Non, ma pauvre amie, je ne suis pas plus forte que toi... je souffre autant, peut-être plus, car je sens avec une ardeur qui me dévore !... La chose la plus indifférente pour toute autre me frappe, m'exalte ; lorsque je veux quelque chose, pour l'avoir, pour rapprocher la distance ou le temps qui m'en séparent, je donnerais dix ans, vingt ans de ma vie !... Ainsi, je suis honteuse de mon ignorance, je brûle du désir d'apprendre... Quand je prends un livre, je voudrais comprendre, aller si vite, que le rouge me monte à la tête; mes yeux s'embrouillent : je suis obligée de m'arrêter... Alors, je me mets dans des colères ridicules contre moi, contre ma tête rebelle... je me frappe le front. Quand j'essaye d'apprendre à écrire, et que ma main n'obéit pas à ma volonté, je me pince le bras au point d'en porter les marques... Si j'ai une espérance, une peine, je ne puis dormir, je rêve, je suis agitée, je vis doublement. Eh bien ! je veux dompter tout cela !... Si mon cœur est en révolte contre ma volonté, je le torturerai jusqu'à ce qu'il me cède. Je rirai, quand je le voudrai, dussé-je m'étrangler avec mes larmes rentrées. Il y a un sentiment que je ne solliciterai jamais, c'est la pitié. Est-ce que l'on plaint les gens malheureux ?... Est-ce que je suis intéressante ? j'ai l'âme navrée... Ah ! si j'avais une coupure au doigt, une plaie, on me plaindrait, peut-être chercherait-on à me soulager ;

mais la douleur que j'éprouve, si je la laissais voir, on enfoncerait de nouveaux traits dans la blessure. Je me tais, mais je n'en souffre pas moins. La pensée que mon nom est inscrit sur ce livre infernal, cette pensée ne me quitte pas. Je ne veux pas qu'il y reste ; je veux qu'il soit effacé. Comment l'obtiendrai-je ? qui m'en donnera les moyens ?... je l'ignore, mais j'en viendrai à bout, et si, après avoir fait tous les efforts, cela m'était impossible, je quitterais cette vie où je n'aurais passé que pour faire une tache.

— Oh ! tu vois bien que tu dis comme moi, que si tu étais misérable tu te tuerais !

— Oui, mais après avoir essayé de vivre tranquille dans l'avenir, afin d'oublier moi-même le passé, si je puis.

— Tu réussiras, me dit Marie pensive, moi, je suis sûre de finir d'une mort violente !... Ça m'est égal, je n'ai pas été faite pour cette vie-là... J'y suis, j'y resterai, à moins qu'un miracle ne m'en tire.

— Mais quelles absurdes idées allons-nous nous fourrer en tête ; nous allons avoir l'air de croque-morts au bal !...

— Oh ! ne t'inquiète pas ; je serai plus bruyante que tout le monde ! Si je rencontre de ses amis, je veux qu'on lui dise que je le pleure gaiement.

X

LE BAL MABILLE.

Il était neuf heures quand nous arrivâmes allée des Veuves... Mabille avait été un petit bal champêtre, éclairé avec des quinquets à l'huile... On payait dix sous d'entrée... C'était le rendez-vous favori des valets de chambre, des femmes de chambre, dans le temps où ils étaient moins élégants que leurs maîtres.

A l'époque où je parle, Mabille s'était déjà beaucoup embelli. Ce n'était pas encore le magnifique jardin que l'on voit aujourd'hui, avec ses corbeilles de fleurs, ses guirlandes de feu, son jet d'eau, sa grande salle tendue d'or, de velours et de glaces. C'était un jardin modeste ! Quelques becs de gaz avaient remplacé les quinquets ; ils étaient rares : était-ce par économie ou par discrétion ?... Les calicots, les grisettes, les modistes, pourraient nous renseigner à cet égard ; car les abonnés avaient changé. Le bal était en progrès... On payait un franc d'entrée...

C'était au milieu de cette réunion que nous fîmes notre entrée... L'orchestre était au milieu du jardin et me parut bon. Mon cœur se mit à battre la mesure. J'adorais la musique. Tous ces jeunes gens, toutes ces jeunes filles qui se livrent au travail toute la semaine prennent le dimanche du plaisir pour huit jours ; ils sont gais, en nage, fatigués, mais si heureux que cela vous gagne. Je n'avais jamais dansé ; j'aurais voulu essayer, mais la crainte d'être ridicule me retenait.

Pourtant, Adolphe m'avait dit que Louisa Aumont valsait bien. Je voulais essayer. On vint m'inviter pour un quadrille... j'allais refuser quand un jeune homme de Versailles vint me dire bonsoir. J'acceptai. Je priai Marie de me faire vis-à-vis. J'espérais qu'il demanderait ce que je faisais, et je me donnais un mal !... Mon danseur était galant ! je lui faisais mille coquetteries !... Il voulut me faire valser... j'acceptai encore, et comme il avait beaucoup de patience... j'appris le même soir la valse et la danse. Je demandai à mon danseur la permission de me reposer.

Je fis le tour du bal m'arrêtant un peu à chaque cercle qui entourait les bons danseurs. Un de ces cercles était plus garni de curieux que les autres. Je cherchai à me faire une place; mais personne ne bougea.

J'entendis rire, dire bravo! mais je ne vis rien. J'attendis la fin pour voir ceux qui avaient eu tant de succès. Le rond s'ouvrit et tout le monde se pressa sur les pas d'une femme, en riant, en parlant. Je n'entendis qu'un bruit confus et des compliments ou des moqueries. Cette femme regardait à droite, à gauche. Elle pouvait avoir cinq pieds; sa taille était courte; sa poitrine bombée, ses épaules un peu hautes... Elle portait fièrement la tête, ses cheveux étaient d'un beau noir, ses raies blanches bien plantées. Elle se coiffait avec des bandeaux plats, une natte ronde, derrière la tête; au-dessous de cette natte, tombaient des cheveux frisés, qui lui cachaient le cou, quoiqu'ils ne fussent pas très-longs. Son front était bas, ses sourcils bien arqués se joignaient au milieu, ce qui lui donnait l'air dur; ajoutez à cela de grands yeux noirs qui paraissaient regarder sans voir, un nez un peu à la Roxelane, la lèvre dédaigneuse.

Elle était plutôt jolie que laide; pourtant on la trouvait généralement peu agréable. Mon premier mouvement fut de la trouver laide. Je ne comprenais pas pourquoi on l'entourait ainsi.

Elle allait du côté du café, je la suivis pour me trouver au premier rang quand elle danserait. Elle paraissait haletante; elle toussa, mit la main sur sa poitrine, puis avala deux verres d'eau glacée, comme pour éteindre le feu qu'elle serrait sous ses doigts. Elle respira bruyamment et se leva.

Un petit monsieur venait de lui faire signe. Il était gentil, mais très-drôle; il avait une assez jolie figure, surtout des yeux intelligents. Ses jambes étaient toutes petites, sa taille longue, son gilet aurait pu lui servir de tablier. Il fit aller un bras comme une aile de moulin, mit son chapeau de côté, leva son pied à la hauteur du nez de sa danseuse, la salua jusqu'à terre, en faisant le gros dos. Après toutes ces singeries, il la prit par la taille, et la première figure commença.

Il était léger comme un oiseau; toutes ces gambades, qui étaient ridicules, faites par les autres, étaient gracieuses, faites par lui. J'avais bien fait de les suivre: il y avait encore plus de monde que la première fois.

A la seconde figure, sa danseuse regarda le chef

d'orchestre, et en même temps que le coup d'archet elle s'élança la tête baissée, les bras en arrière, puis au bout du cercle elle se redressa, cambra ses reins, fit presque toucher ses coudes, leva la tête et revint en avant. Elle faisait toutes ces contorsions avec le plus grand sérieux du monde...

— Bravo! bravo! disaient les spectateurs.

Elle avait une robe de laine noire qui sentait la misère; elle n'avait peut-être pas mangé de la journée, car elle était bien pâle.

J'entendis à côté de moi deux jeunes gens dire :

— Emmenons-la souper!...

— Non, dit l'un, elle nous coûterait les yeux de la tête; je parie qu'elle n'a pas mangé depuis huit jours.

— Bah! dit l'autre, nous la rationnerons; elle nous amusera.

Après la danse, ils s'approchèrent d'elle. Je l'entendis accepter. Je m'en allai. Son danseur était près de moi; il s'essuyait le front et disait :

— Je n'aime pas à danser avec elle; elle est raide comme un bâton.

On appela :

— Brididi!

Et le petit jeune homme qui dansait si bien répondit :

— Voilà ! voilà ! et s'en alla au café.

Le bal finissait... Nous rentrâmes.

J'espérais toujours recevoir des nouvelles de Versailles.

Je demandai s'il n'était venu personne...

On me répondit que non. Je me couchai en pleurant.

Le jeudi suivant, je retournai à Mabille avec Marie. Nous cherchâmes Brididi et sa danseuse. Ce fut une des premières femmes que j'aperçus. Elle avait une robe de barége lilas. Ses cheveux étaient mieux peignés ; elle me parut moins laide.

Un homme d'un certain âge, avec un chapeau gris, un pantalon blanc, un petit paletot sac, s'arrêta devant elle...

— Ah! bah ! dit-il, comme nous sommes requinquées ! C'est égal, tu as une figure ingrate ! Elle a l'air sauvage ; elle ressemble à la reine Pomaré.

Tous ceux qui l'entouraient dirent ensemble :

— Chicard a raison, *faut* l'appeler Pomaré.

Quand elle se mit à danser, tout le monde l'entoura, et, pour l'encourager, on criait à tue-tête :

— Bravo! Pomaré!

Cette soirée fit événement; plusieurs journaux en parlèrent le lendemain.

Ce soir-là, M. Brididi n'avait pas l'air content; il dansait avec de jolies filles, mais on n'était occupé que de Pomaré. Il pensa à lui donner une rivale, et chercha un sujet nouveau. Je le regardais si souvent, qu'il crut que j'avais envie de danser avec lui; ce qui était, du reste, un grand honneur. Il vint à moi et m'invita. Je lui dis que ce serait avec plaisir, mais que je ne savais pas danser.

— Eh bien, je vous apprendrai.

En effet, il m'apprit. — J'avais une jolie taille, de beaux bras... J'ôtai mon petit châle, et je restai avec ma robe de barége à manches courtes. On me regarda beaucoup, cela m'encouragea. Je sautais comme une plume!... Après le quadrille, Marie, qui avait tenu mon châle et mon chapeau, me dit:

— Sais-tu que tu danses très-bien!

— Certainement ajouta M. Brididi.

Je fus toute fière!... J'aurais bien voulu qu'on m'appelât aussi Pomaré!...

Je pris un grand goût pour la danse!... A la fin de la soirée, M. Brididi me dit sans façon:

— Voulez-vous venir souper avec nous?

J'acceptai de même, et nous partîmes une bande joyeuse, pour aller souper chez Vachette.

— Ah! disais-je en regardant bien si l'on me voyait, si cela pouvait se savoir à Versailles!

Marie me suivait partout. Son amant était en Bretagne... je l'avais tout entière.

Nous quittâmes le restaurant à six heures du matin.

— Rien pour moi? dis-je au concierge.

— Non!

Je montai, toute triste; mais je m'endormis sans pleurer: j'étais trop fatiguée.

A quatre heures, M. Brididi vint nous voir.

— Ah! vous ne savez pas, me dit-il sans me dire bonjour, il y a une danse nouvelle: la polka! Venez passer la soirée chez moi, nous l'apprendrons et nous la danserons ensemble, pour faire enrager Pomaré.

Cette idée me plaisait assez, non par antipathie contre cette femme, mais pour qu'on s'occupât de moi.

Nous apprîmes pendant cinq heures; enfin, je la savais à merveille. On faisait une foule de figures qui vous donnaient l'air de chiens savants: les bras, les jambes, le corps, la tête, tout remuait à la fois; on eût dit un monde de télégraphes et de pantins. Mais c'était nouveau, et on trouvait cela joli.

M. Brididi m'engagea à rester chez lui. Il était bien tard ; je le remerciai.

Il vint nous reconduire. — Comme c'était un charmant garçon, et que je ne voulais pas qu'il me prît pour une bégueule, je lui racontai l'état de mon cœur... mais, à chaque phrase, je faisais un saut de polka, et j'en chantais l'air; ce qui fit rire Marie et dire à Brididi :

— Allons, allons, c'est bien ! soignez-vous; j'espère que vous ne serez pas longue à guérir.

Nous étions arrivés à la maison, je demandai :

— Il n'est venu personne?...

— Non !

J'étouffai un soupir au fond de mon cœur.

Arrivée dans la chambre, je me mis à polker.

— Je suis contente, me dit Marie; tu prends ton parti gaiement.

— C'est comme cela qu'il faut être. Si j'étais restée là, pleurant, il ne serait pas venu davantage! On ne peut pas forcer les gens à vous aimer; quand on court après eux, on les fatigue; ils s'y habituent et vous traitent plus mal. Malheureusement, on n'efface pas l'amour de son cœur comme un nom écrit sur une ardoise; mais, avec de la patience, tout passe... Je désespère de me faire aimer de lui ; mais je veux qu'en me voyant passer, brillante et dédaigneuse, il me donne un regret.

La marchande de meubles vint me dire, le lendemain, que mon logement était prêt. Je pris mon paquet, et j'allai m'installer, 19, rue de Buffaut, dans un petit entresol de deux pièces.

J'étais richement meublée, et je regardais mon luxe, fort inquiète de la somme que j'avais à payer. J'avais dans ma chambre à coucher un lit en acajou, une toilette-commode, un fauteuil-Voltaire en laine rouge, deux chaises, une petite table. Dans la première pièce, qui servait d'antichambre ou de salle à manger, il y avait une table ronde et quatre chaises cannelées. Je passai la journée à frotter mes meubles... Je disais *chez moi* à tout propos.

Le lendemain, j'allai chez Marie, qui, je le savais bien, était trop paresseuse pour venir.

Je me mis des nœuds de velours dans les cheveux ; je fis des reprises à ma robe et à mes bottines qui me quittaient, et je retournai au bal.

Brididi vint à moi... Je n'étais pas fâchée de cette préférence... Je lus à l'orchestre : Polka ! Mon cœur battit ; je devins très-pâle, et je dis à Brididi :

— Je n'oserai jamais danser cela ici ; personne

ne sait cette danse. On va nous regarder; je ferai quelque gaucherie, et on se moquera de nous.

— Non, non, me dit-il, allons dans un coin.

J'allais résister, quand j'entendis derrière moi :

— Eh bien! personne ne la sait donc, cette danse?...

Je reconnus la voix de Louisa Aumont.

Ce fut moi qui pris Brididi dans mes bras, et le fis danser de force. Il avait beau me dire :

— Je ne suis pas en mesure; j'allais toujours.

Enfin, je fis plus d'attention, et je dansai à merveille. — Je passai plusieurs fois devant Louisa Aumont, et je me penchais si fort sur mon danseur, qu'elle put croire que je l'embrassais. Il voulut se reposer. Presque près d'elle, je lui criai : « Viens donc, viens donc!... » Il n'y prit pas garde. — Je le tutoyais!...

On se mit à m'applaudir à outrance; on me suivait, on me désignait du doigt!...

— Fi! l'horreur! disait Louisa Aumont au bras d'un vieux monsieur; peut-on s'afficher ainsi!...

Je vis bien qu'elle était vexée!... C'est égal, le mot me piqua; je voulus me venger. J'attendis qu'elle passât près de moi. Je l'arrêtai par le bras, et je lui dis :

— Bonjour, ma chère Louisa; y a-t-il longtemps que vous n'êtes allée à Versailles voir votre amant?

Elle devint pourpre, et voulut continuer son chemin; je l'arrêtai de nouveau.

Elle me dit : — Je ne vous connais pas!

— Ah! je comprends; pardon, je prenais monsieur pour votre père. Si j'avais su que c'était le vieux hibou qui vous ennuie tant et à qui vous dites, pour vous débarrasser de lui trois fois la semaine, que vous allez chez votre tante, à Versailles, je n'aurais pas parlé de votre Henri. Mais, aussi, vous ne me prévenez pas! vous me parlez d'un vieux monstre; je trouve monsieur très-bien, moi.

Je fis la révérence, et je partis en riant.

Je me mis à danser; tout le monde m'entoura. Je venais de faire une méchanceté; j'étais radieuse. J'entendais dire :

— Elle est bien mieux que Pomaré!

On la quittait pour venir à moi.

— Ah! me dit Brididi, les œillades vous battent en brèche!

Tous les hommes vinrent m'inviter.

— Oh! mais, dit il, me tirant par le bras, j'aurais moins de peine à défendre Mogador que ma danseuse!... Tiens, cria-t-il bien haut, je vous appelle Mogador!

Ce qui se passa est ridicule, mais exact, et n'est pas assez éloigné pour que l'on ne s'en souvienne pas!... Cent voix crièrent : vive Mogador! On me jeta vingt bouquets dans le cercle où je dansais.

Il y eut deux camps... D'un côté, on criait : vive Pomaré! de l'autre : vive Mogador! Les gens qui ne comprenaient rien et qui ne saisissaient que le bruit, criaient : vive Pomador! La garde fut obligée de s'en mêler!... Cela était si animé qu'on craignait une querelle de partis! Je fus obligée de me sauver pour partir; on voulait me porter en triomphe jusqu'à ma porte. Cela me fit grand peur, et, prévenue par Brididi, je pris la fuite à temps. Pomaré fut mise dans un fiacre; on détela les chevaux, et ce furent des jeunes gens qui la traînèrent jusqu'à la Maison-d'Or.

Le lendemain, soit que Mabille eût payé pour faire une réclame, soit que les maîtres de danse voulussent mettre la polka à la mode, tous les journaux parlèrent de Pomaré et de moi.

Le *Charivari* nous reproduisit sous toutes les formes.

Il y avait deux autres femmes qui ne faisaient pas moins de bruit à la Chaumière : c'étaient Maria-la-Polkeuse et Clara Fontaine.

On sait ce que c'est que Paris. Chaque excentricité a son heure de vogue. Ces folies faisaient le sujet de toutes les conversations, et notre triste renommée, par les cent voix de la presse, s'étendait jusqu'en province.

Je n'avais pas vu Adolphe depuis trois semaines ; il vint à Mabille par curiosité, et demanda à voir les célébrités. Il trouva Pomaré laide !

Quand on me fit remarquer à lui, il recula d'un pas et dit :

— Vous vous trompez! ce n'est pas elle; c'est Céleste.

— Oui, dit son ami, Céleste Mogador !

Il me suivit. Je l'avais vu ; j'avais senti mes jambes fléchir! Je le montrai à Brididi.

— Diable! fit-il, il faut vous asseoir.

Adolphe vint à moi.

— Venez, j'ai à vous parler.

Je fis signe à mon danseur que j'allais revenir.

— Vous ne reviendrez pas, me dit Adolphe en me serrant le bras.

— Pourquoi donc? lui dis-je.

— Parce que je ne le veux pas.

— Ah! bah! vous avez été bien longtemps à m'apporter vos ordres; je vous préviens que je suis changée, et je n'en veux plus recevoir! Je veux aller danser ; j'ai promis.

— N'y allez pas, me dit-il, pâle, ou je vais avoir une affaire avec ce petit monsieur!

J'ai toujours tremblé à l'idée d'une querelle qui pouvait naître à cause de moi. Je m'arrêtai.

— Est-ce que vous me feriez l'honneur d'être jaloux? Il y a quelque temps, je vous avoue que ça m'aurait fait plaisir, mais aujourd'hui ça me fait rire.

La marchande de fleurs m'apporta deux bouquets de roses qu'on me pria d'accepter. Je les pris, mais M. Adolphe se jeta dessus et les mit en pièces.

— Eh bien! lui dis-je, votre colère est-elle passée?

— Ne vous moquez pas de moi! me dit-il hors de lui.

Je vis qu'il fallait le prendre sur un autre ton, car il était sérieusement en colère.

— Enfin, mon ami, que me voulez-vous? Vous m'avez quittée; vous ne m'aimiez pas: je ne me suis pas imposée à vous; j'espère que vous en ferez autant. Je n'ai pas troublé vos amours...

— Je n'ai jamais eu cette femme! Si elle était là, je le dirais devant elle.

Au même instant, je la vis sortir d'un bosquet avec une autre femme.

— Tenez, lui dis-je, la voilà! Si vous faites cela, je vous croirai.

Il hésita.

— Vous partirez avec moi?...

— Oui!

Il alla droit à Louisa, qui lui apprêtait son plus joli sourire.

— Voyons, mademoiselle, dites, je vous prie, à Céleste que je ne suis pas votre amant, et que vous regrettez d'avoir été si dure pour elle.

Elle se mit à rire sans répondre. Il lui prit le bras et lui renouvela sa demande.

Elle fit une affreuse grimace, devint rouge et dit:

— Oui!...

— Assez, dis-je à Adolphe, qui, je le voyais bien, lui serrait le poignet; venez. Et nous partîmes en voiture. Il me fit mille amitiés! je restai comme une pierre!...

— Je vois bien, me dit-il, que vous ne m'aimez plus!

— Je ne sais pas si je ne vous aime plus, mais ce qu'il y a de certain, c'est que je vous aime moins. Vous n'avez pas de reproches à me faire! Je vous aimais, je me serais tenue dans une boîte pour vous plaire; vous m'avez quittée d'une façon pénible, humiliante. J'ai cherché à me distraire et j'y parvenais bien, je vous assure. Cela vous irrite! vous auriez mieux aimé que je m'enfermasse avec un boisseau de charbon!... Ma foi, non!...

vous ne m'aimez pas ; d'autres sont moins difficiles ; je ne suis qu'embarrassée du choix!

— Vous me tourmentez à plaisir, me dit-il les larmes aux yeux.

J'allais m'attendrir, car je l'aimais encore, mais je repoussai toute idée de faiblesse.

— Croyez-vous donc que je n'étais pas tourmentée, quand je fis la route de Versailles à pied, la nuit, et que vous me laissâtes partir, sans même vous inquiéter de ce que je pouvais faire dans mon désespoir? Voyez-vous, nous ne serons pas fâchés, mais je n'oublierai jamais cette nuit-là.

Il n'osa plus dire une parole. Il m'aimait, j'allais pouvoir me venger. Je lui donnai un rendez-vous... j'arrivai deux heures plus tard, faisant semblant de pas voir qu'il m'attendait avec impatience.

Il me défendit d'aller dans les endroits publics... j'y allais exprès! La presse continuait à parler de nous... on venait en équipage nous voir, le soir, comme des bêtes curieuses. Tous ces badauds se disputaient une fleur de notre bouquet. Les femmes venaient nous voir aussi ; elles disaient aux gens qui les accompagnaient : « Tâchez donc qu'elles viennent vous parler!... » On nous appelait, mais je me dérangeais rarement.

Pomaré regardait d'un air impudent, faisait

mille excentricités et faisait fuir les curieux, rouges de honte. C'est à cause de cela, sans doute, que beaucoup venaient autour de moi et me faisaient des compliments.

Voilà pourtant les vilains services que vous rendent les oisifs. Ils ne reculent devant rien, eux qui, trop vieux ou trop ennuyés d'eux-mêmes pour savoir s'amuser, cherchent à tout prix des objets de distraction.

J'avais ma cour, comme Pomaré avait la sienne.

— Elle est charmante ! disait l'un en me lorgnant.

— Vous allez voir comme elle danse bien, disait l'autre.

— Quelle souplesse ! comme elle est gracieuse !...

Voilà ce que me répétaient en masse ces gens qui me méprisaient, qui peut-être me trouvaient affreuse, ridicule ; mais ils m'excitaient, je les amusais. — La vie est une comédie.

Quand je me reporte à ce temps et que je songe à toutes les excentricités que nous faisions, il me semble qu'on devrait nous les pardonner, car le succès qu'on nous a fait est plus coupable que nous.

L'orateur qu'on approuve s'enflamme ; l'acteur qu'on applaudit redouble d'efforts ; le soldat qu'on regarde, qu'on encourage devient plus intrépide ; il n'y a pas une créature, dans quelque position qu'elle soit, qui ne soit sensible à la réclame !... Jugez si moi, sans éducation, n'ayant rien à perdre, je ne pouvais pas me laisser éblouir et entraîner.

Il n'est si petit théâtre qui n'ait ses rivalités. Mes succès à Mabille m'avaient valu beaucoup d'envieuses. Les hommes me firent un rempart d'amour et de fleurs.

Je détestais Pomaré, qui me le rendait bien.

Sans savoir pourquoi, on trouva qu'il serait charmant de nous faire faire vis-à-vis, et nos partisans négocièrent l'affaire avec toute l'importance d'un traité de paix.

Nous marchâmes l'une au-devant de l'autre, ne faisant pas un pas de plus. Elle me regardait avec ses grands yeux noirs fixes !... Elle me semblait plus désagréable que d'habitude ! — J'eus envie de me sauver ; mais je réfléchis que cela serait ridicule, et je lui tendis la main. Sa figure se dérida, et elle me dit d'une façon charmante :

— Je suis enchantée de faire connaissance avec vous ; il y a longtemps que je le désirais. Si vous voulez me permettre d'aller vous faire une visite, je vous continuerai mon amitié.

Il y avait un air protecteur qui me déplut ; mais

je lui pris le bras et nous fîmes le tour du bal ensemble.

On se pressait tellement autour de nous, que c'est à peine si nous pouvions marcher.

Après quelques mots échangés, je vis qu'elle prenait son rôle au sérieux et qu'elle se croyait reine. Le fait est qu'on ne l'abordait qu'ainsi :

— Chère reine, allez-vous danser? Où vous placerez-vous, que vos courtisans vous entourent?

Elle leur indiquait un endroit à voix basse. Ils s'en allaient tout fiers et prenaient un air de protection avec leurs amis qu'ils plaçaient.

— Tenez! voilà la reine Pomaré! disaient les uns en se poussant.

— Où ça?... disaient les autres ébahis.

On la montrait.

— Ah! c'est vrai; elle a l'air bien sauvage, répondait un provincial qui la prenait pour la reine de Taïti.

On avisa un abonné à lunettes, *pion* dans un collége, je crois : on l'entoura, on l'applaudit en lui disant :

— Bravo, Pritchard!

Le pauvre homme perdit la tête et fit trente-six gambades... On le porta en triomphe... Il enfonçait ses lunettes, relevait la tête, se croyant un grand personnage; mais, comme on ne le payait pas pour cet exercice, le pauvre diable fut renvoyé de sa place. Il conta ses peines à Pomaré, qui lui dit devant moi, avec le plus grand sang-froid du monde :

— Venez me voir, je vous protégerai.

Je ne pus m'empêcher de rire, en me disant :

— Ils sont aussi fous l'un que l'autre.

Elle était convaincue de sa puissance !... C'était de bonne foi qu'elle promettait de lui faire du bien; pourtant elle paraissait avoir un esprit supérieur. Je voulus connaître ce caractère, qui me parut étrange.

Depuis notre séparation, Marie m'avait tenu parole; elle ne rentrait plus, je la voyais à peine.

Je demandai à Pomaré de passer la journée du lendemain avec moi.

Elle me dit qu'elle ne commandait sa voiture qu'à quatre heures; que le matin elle recevait sa cour.

— Venez déjeuner chez moi, me dit-elle, nous causerons en fumant une cigarette.

Elle me quitta, puis revint à moi :

— Voulez-vous souper avec moi et quelques-uns de mes amis?...

Je répondis oui, avant qu'elle eût fini sa phrase, car j'avais grande envie de passer une soirée avec elle.

— Je vais vous prendre dans ma voiture.

Nous sortîmes. A la porte, elle fronça ses sourcils noirs...

— Jean! Jean! dit-elle deux fois, impatientée.

Un gamin d'une douzaine d'années s'avança en courant. Il était habillé d'une façon burlesque : un pantalon de toile grise rentré dans ses bottes à revers, une redingote dont la taille seule lui aurait fait un paletot, un chapeau très-grand, bordé d'un galon en clinquant dont on se sert pour costume. Il portait dans ses bras un châle-tapis en coton, tout passé, dont un coin traînait à terre. Pomaré le lui arracha des mains, furieuse.

— Imbécile! tu ne peux pas faire attention!... tu essuies le pavé avec mon *cachemire*... Si tu ne fais pas mieux ton service, je te chasserai.

Tout le monde riait autour d'elle. Je devins fort rouge. Le petit sortit en haussant les épaules et fit avancer la voiture.

C'était une calèche à deux chevaux... elle l'avait au mois... C'était un équipage presque grotesque, sortant des remises d'un mauvais loueur.

— La voiture de la reine! crièrent à la fois dix gamins.

Pritchard s'avança pour lui baiser la main. Elle jeta en l'air quelques pièces de monnaie ; on se bouscula pour les ramasser en criant :

— Vive la reine Pomaré !

Le petit bonhomme était sur le siége, à côté du cocher, qui avait le même galon de clinquant sur son chapeau et une redingote noisette. Ajoutez à cela un cheval blanc et un autre bai. La calèche était garnie à l'intérieur d'une vieille étoffe d'un rouge passé.

Je ne me connaissais pas en voiture, mais il me semblait que, pour rien au monde, je n'aurais voulu sortir là-dedans en plein jour.

Nous arrivâmes au café Anglais.

Le maître du café vint au-devant de nous, la serviette sous le bras, l'air affable :

— Quel cabinet désirez-vous ? demanda-t-il à Pomaré.

— Le grand salon, dit-elle en regardant sa suite.

Il commençait à faire froid, elle ordonna qu'on fît bon feu. Quand la porte s'ouvrait, nous apercevions plusieurs têtes qui cherchaient à nous voir.

On alluma du petit bois... Elle s'approcha du feu en faisant un mouvement de frisson.

— Les premiers froids font mal, me dit-elle.

Je la regardai ; elle était pâle comme une morte.

— Gardez votre châle, lui dis-je,

Mais elle n'en fit rien. Je compris pourquoi; elle avait une robe de taffetas bleu clair qui jurait passablement avec son châle.

Elle toussa une fois ou deux. Elle prit une coupe de champagne frappé et l'avala d'un trait. Ses yeux brillèrent, ses couleurs lui revinrent.

Alors on lui fit chanter une chanson, qu'elle dit avoir composée elle-même, et qui passait en revue tous les dieux de la Mythologie. Je ne compris pas bien, parce que je ne connaissais pas tous ces noms-là; mais il paraît que c'était un chef-d'œuvre d'esprit.

Sa voix était faible; elle s'accompagnait au piano. Ses mains étaient blanches, bien faites et paraissaient avoir l'habitude du clavier, car elle ne regardait en chantant que ceux qui l'écoutaient.

Ce furent des compliments sans fin. On fit très-peu d'attention à moi. Il me semble que j'en fus un peu jalouse et qu'elle me regardait d'un air vainqueur.

Elle parla, fuma, tint tête à tout le monde : elle avait un esprit intarissable et d'une originalité sans pareille.

La nuit se passa ainsi. Quand nous sortîmes, il faisait jour; ces sorties sont curieuses et le paraîtraient surtout aux gens raisonnables qui n'ont jamais vu ce spectacle, bien propre à désillusionner des folles joies des viveurs de Paris.

Je ne sais au juste quelle figure j'avais ; mais en regardant les autres, je fus presque effrayée : les hommes sont débraillés, quelquefois chancelants ; les femmes sont jaunes ; leurs toilettes chiffonnées, enfumées, leur donnent l'air de paquets de chiffons ; la plus jolie serait laide.

Il y a aux portes de vieilles voitures qui passent la nuit ; un pauvre cheval maigre attend que son maître ait chargé pour avoir son déjeuner. On ne veut pas de lui, et on l'appelle rosse. Pauvre bête ! il a été jeune et bon ! Je regardai Pomaré, et je me dis :

— Voilà notre avenir !

Il n'y a, à cette heure-là, dans les rues, que les balayeurs et les chiffonniers. Les premiers vous regardent, appuyés sur leurs balais, et chacun se dit probablement :

— Ce que ces fous viennent de dépenser dans une nuit me ferait vivre un an.

On leur donne quelquefois de l'argent, mais on passe le plus souvent sans les regarder.

Nous rentrions à pied. Pomaré paraissait moins fatiguée que tout le monde ; elle était d'une pâleur extrême, mais ses lèvres étaient rouges, ses yeux brillants.

Nous traversions le boulevard ; une balayeuse comme il y en a peu, elle travaillait activement, envoya toute sa poussière dans les jambes de Pomaré, qui, peu endurante de sa nature, l'interpella en l'appelant bête.

La femme au balai l'entreprit à son tour.

— Tiens ! voyez-vous ça, madame l'embarras ! Faut-il pas que je quitte mon ouvrage pour faire place à cette demoiselle ! Avec ça qu'elle est belle ! J'ai été un peu mieux que toi, ma petite, et un peu plus huppée ; mais j'étais pas fière avec le pauvre monde !

Nous étions déjà bien loin. Nous nous séparâmes quelques instants après.

— A tantôt ! dit Pomaré, rue Gaillon, 19. Si vous oubliez le numéro, demandez dans la rue la reine Pomaré.

Je trouvai cette gasconnade prodigieuse, et il me sembla plus prudent de me souvenir de la rue et du numéro.

Je venais de voir un échantillon de cette vie qui, de loin, me semblait si belle et à laquelle j'avais si souvent rêvé de m'associer. Je puis me rendre cette justice, que toute cette joie me parut triste, et que je rentrai chez moi le cœur bien vide et l'âme bien découragée.

XI

LA REINE POMARÉ.

A onze heures, j'étais chez ma nouvelle amie. Je m'attendais à voir un boudoir richement meublé; je fus toute surprise de me trouver dans un chenil : c'est du moins l'effet que me fit le logement de Pomaré, tant il y avait dans ce logement de désordre et de malpropreté.

Elle habitait une grande chambre, à peine meublée; sa commode était couverte d'une foule de petits objets, rappelant ses triomphes au bal Mabille.

Il y avait sur chaque objet un pouce de poussière; on voyait sur une table des papiers en désordre, une masse de numéros du *Charivari*; sa robe bleue traînait à terre.

Je remarquai, appendue au mur, une bonne Vierge en plâtre avec un petit collier et une couronne. La Vierge, avec ses bras ouverts, semblait contempler ce désordre et le prendre en pitié. Sur la cheminée, la reine avait mis son chapeau dans une assiette. Je n'osais pas faire un pas. Elle était encore couchée, tête nue et les cheveux tout ébouriffés.

— Pardonnez-moi, me dit-elle; mon ménage n'est pas encore fait. La personne qui me loue se charge de tout faire et ne fait rien. Asseyez-vous donc!

Et elle me montra du regard le bord de son lit.

Je m'approchai, mais j'étais fâchée d'être venue. Elle sauta en bas du lit, passa dans une espèce d'antichambre dont la croisée donnait sur une cour; elle appela son portier, qui était en même temps son propriétaire; il monta.

— Faites-nous à déjeuner.

— Je veux bien; mais donnez-moi de l'argent.

— Je n'en ai pas.

— Bah! dit le vieux, vous avez bien vingt sous.

— Non, dit-elle, pas un liard.

— Alors, allez déjeuner où vous voudrez; je ne fais plus crédit.

— Voyons, ne soyez pas méchant! J'ai invité une amie; je ne peux pas la renvoyer.

— Bon! dit le vieux, ce n'est pas assez de vous; il faut maintenant que je nourrisse les autres.

Et il descendit en grognant.

J'avais tout entendu et j'étais fort embarrassée. Elle ne perdit pas contenance, et me dit en rentrant que nous allions déjeuner dehors, parce que son domestique n'était pas rentré; que le concierge venait de l'en prévenir.

C'était trop fort; je me mordis les lèvres pour ne pas rire aux éclats. Je l'avais vue, la veille, jeter au moins dix francs de monnaie. Évidemment elle était folle.

— Ah! dit-elle, en passant devant la petite Vierge, je l'avais oubliée.

Elle prit cette petite Vierge, l'embrassa, lui adressa quelques paroles qui ressemblaient à une prière. J'entendis ces mots : « Sainte Mère de Dieu, aie bien soin de lui; il est plus heureux près de toi. »

Elle remit la Vierge à sa place et revint près de

moi. Le mouvement de ses bras fit ouvrir sa chemise ; je vis sur sa poitrine un scapulaire, des médailles, une petite croix. Cela me fit mal.

J'ai une grande croyance en Dieu ; quand je souffre, je l'invoque ; quand je suis heureuse, je le remercie ; mais ces insignes de la religion chrétienne me semblaient un blasphème sur sa poitrine.

Je priai Pomaré de m'attendre ; je descendis quelques instants, et je revins avec tout ce qu'il nous fallait pour déjeuner.

— Je vais vous rendre tout-à-l'heure ce que vous avez dépensé, me dit-elle avec un aplomb incroyable.

« Dieu ! la vilaine femme ! me disais-je, elle est menteuse comme personne. »

Je lui fis deux ou trois questions sur sa vie passée ; elle détourna la conversation sans vouloir me répondre. J'insistai de nouveau pendant le déjeuner ; même silence.

J'avais pourtant bien envie de savoir ce qu'elle avait été, car tout le monde en était intrigué.

— Allons, me dit-elle, après déjeuner, vous êtes une bonne fille, promettez-moi de ne rien dire à personne, et je vais vous faire ma confession.

Je le lui promis ; elle commença :

…— Je suis venue au monde à Paris, en 1825 ; mon père était riche ; je fus son premier enfant. Il avait environ cent cinquante mille francs de capital ; ces cent cinquante mille francs étaient placés dans un théâtre et lui rapportaient quinze, quelquefois vingt pour cent. On n'épargna rien pour m'élever. Je fus mise dans un des premiers pensionnats de Paris. J'avais les meilleurs maîtres.

— Ma mère m'avait donné deux frères et deux sœurs ; cependant on ne retrancha rien des dépenses qu'on faisait pour moi. J'avais dix-sept ans, on pensait à me marier, mais on ne trouvait aucun parti digne de moi. J'aimais mon père avec passion, tout en le craignant beaucoup ; ma mère ne le rendait pas très-heureux.

Un jour, j'entendis raconter à la pension qu'un incendie affreux venait de faire des ravages horribles, boulevard du Temple ; on assurait que personne n'avait péri, mais que l'on n'avait rien pu sauver. Cela me rendit triste. Pourtant j'étais loin de me douter que ce malheur me touchât de si près.

Deux jours après, mon père vint me voir. Mon père était grand et fort ; je fus effrayée du changement que je vis en lui : il était ployé sur lui-même, ses yeux étaient rouges, il avait pleuré. Je lui sautai au cou et le couvris de baisers.

— Mon père, mon bon père ; que vous est-il

donc arrivé ? Ma mère ! mes frères ! mes sœurs !

— Non, me dit-il ; grâce à Dieu, ils se portent bien ; mais je suis ruiné, le feu a tout dévoré. Je n'étais pas assuré, mes enfants ! ma pauvre Lise ! me dit-il en me serrant dans ses bras.

Je n'avais jamais vu pleurer mon père ; cela me déchira le cœur. J'étais très-pieuse ; j'avais souvent parlé de mon désir d'entrer dans un couvent ; on se moquait de moi, et je n'insistais pas. L'idée m'en vint ce jour-là, et je dis à mon père, en lui essuyant les yeux :

— Ne vous inquiétez pas pour moi, mon cher père ; vous savez bien que mon vœu le plus cher est d'être religieuse ; vous n'aurez pas à vous occuper de moi.

— Non, me dit-il en me serrant sur son cœur, non, mon enfant, tu ne peux pas être à Dieu tout entière ; j'ai besoin de toi pour élever tes frères et tes sœurs ; tu es instruite, tu feras leur éducation. Ta mère est presque folle de chagrin, il faut la consoler, l'aider. Je viens te chercher.

Je suivis mon père sans répondre. On ne répondait jamais à mon père.

Rentrée chez nous, je trouvai tout le monde dans le désespoir.

Mon père sortait souvent pour des entreprises qu'il voulait essayer.

Ma mère avait un peu perdu la tête ; j'avais soin des enfants.

Bientôt nous fûmes si pauvres qu'on renvoya la bonne et que je restai seule pour tout faire. On ne m'avait pas élevée ainsi.

Cette vie m'était pénible ; j'étais toujours seule avec les enfants ; j'allais promener les plus petits.

Un jeune homme, que mon père avait employé, venait souvent à la maison ; il me dit si souvent qu'il m'aimait, il me tourmentait tellement, que je crus l'aimer, et je me donnai à lui sans trop de résistance. Je ne comprenais pas tout le danger d'une pareille faute.

Un jour, mon père rentra ; je causais à la porte avec mon amant. Mon père le pria de ne plus me faire de visites que devant ma mère ou lui.

Ma mère allait souvent chez des parents : elle n'était pas rentrée, il l'attendit. Elle ne rentra qu'à dix heures.

— Ah ! vous voilà, madame ! lui dit-il sévèrement. Rentre dans ta chambre, Lise.

J'obéis, mais j'écoutai à la porte, car, depuis ma faute, j'avais peur de tout.

— Qu'as-tu donc ? lui dit ma mère.

— J'ai, répondit mon père, que vous ne gardez

pas vos filles; que vous allez à droite, à gauche, sans vous occuper du reste. Votre fille aînée a dix-sept-ans; la seconde, quatorze, l'autre trois. La chute de la grande entraînera les autres. Si un pareil malheur venait encore s'abattre sur moi, qu'à la misère se joignît le déshonneur, je tuerais la malheureuse qui aurait flétri mon nom et je me tuerais après. Ce serait votre ouvrage.

Ma mère ne répondit rien, mais je faillis m'évanouir. J'allai cacher ma tête sous mon oreiller pour pleurer plus à mon aise; pourtant je ne connaissais encore que la moitié de mon malheur.

Depuis quelque temps, je me sentais des malaises, des faiblesses. J'attribuais cela à la peur que j'avais eue. Il y avait un médecin dans notre maison; je montai lui raconter ce que j'éprouvais. Il me regarda et me dit :

— Vous êtes grosse; ce n'est pas dangereux.

Je le fis répéter deux fois. Je n'osai pas lui dire de me garder le secret. Je descendis, résolue à aller me jeter à la rivière, quand la nuit serait venue. Je courus chez celui qui m'avait perdue; il ne trouva qu'un moyen de me sauver: détruire mon enfant. Je le regardais effarée; je n'avais pas assez de mépris pour cet homme.

— Oh! lui dis-je en partant, cette pensée vous portera malheur!

Je rentrai chez mon père; il me sembla voir tout le monde lire sur mon front.

Je me retirai dans ma chambre pour écrire ; je vis ma sainte Vierge : je lui demandai pardon de la pensée de suicide que j'avais eue; je lui promis de vivre pour mon châtiment et pour la pauvre petite créature que je portais dans mon sein.

Je fis un paquet, j'embrassai mes frères et sœurs et je partis désespérée. Je n'osais pas me retourner; il me semblait entendre derrière moi les pas de mon père. Je marchai, ou plutôt je courus longtemps.

Je vis un beau jardin : j'étais au Luxembourg; j'entrai dans une petite rue étroite, déserte; je lus : *Maison meublée*. Je m'adressai à la maîtresse de cet hôtel et je demandai un petit cabinet ; on ne voulut pas me louer; d'ailleurs, je n'avais pas d'argent.

Je racontai ma position à cette femme, et je la priai tant, qu'elle finit par s'attendrir. Elle parut surtout touchée quand je l'eus assurée que je ne resterais pas longtemps dans sa maison, parce que j'allais entrer à l'hospice.

On me mit dans un grenier.

Je demandai où l'on recevait les femmes en couche; on m'indiqua la Maternité. J'y fus; mais on me répondit qu'on ne prenait les femmes que quinze jours avant d'accoucher. Que faire jusque-là? Je n'étais grosse que de trois mois; comment attendre six mois?

L'idée du suicide me revint, et je priai Dieu avec ferveur de me débarrasser de la vie.

Je vendis tous mes effets petit à petit. Quand je n'eus plus rien, je demandai de l'ouvrage dans la maison; on me fit raccommoder le linge, aider à faire les ménages. Il y avait beaucoup d'étudiants. J'étais jolie; du moins, ils me le disaient.

La femme chez laquelle je logeais était avare; elle m'aurait fait travailler quinze heures par jour pour un morceau de pain. J'avais grand appétit; je tâchais d'avoir un repas chez l'un, un déjeuner chez l'autre. C'était une horrible existence, ma chère Céleste!

Nous étions en hiver; il faisait froid. Un de ces jeunes gens eut pitié de moi et me donna une couverture de son lit.

Je tombai malade; je ne quittai plus mon grenier.

Le même jeune homme, qui m'avait donné une couverture, m'apportait quelques petites choses qu'il prenait à table d'hôte. J'ai souvent souffert de la faim; cependant, je n'osais pas me plaindre, tant j'avais peur qu'on me renvoyât.

Le temps de ma délivrance approchait; je fus à la Maternité. J'étais maigre et exténuée de privations. On me demanda si je garderais mon enfant. Cette question me parut insensée. Est-ce que l'on demande à une mère si elle gardera son enfant?

Après d'affreuses souffrances, je fus délivrée; j'avais donné le jour à un garçon. Je demandai pardon à Dieu de sa naissance; je le suppliai de lui conserver la vie et de prendre la mienne. Il était si délicat, le pauvre ange, que j'écoutais toujours s'il respirait.

On voulait m'empêcher de le nourrir, mais je n'écoutais rien. Le temps était venu où il fallait sortir de la Maternité; on me donna un peu d'argent, une layette, et je partis avec mon trésor dans mes bras.

J'arrivai à l'hôtel. On ne me reçut pas trop mal. Je repris mon trou; je travaillai un peu. Mon pauvre enfant était bien pâle; il avait dix mois, il me souriait, me tendait ses petites mains; je me trouvais heureuse. Ce bonheur, je ne l'avais pas mérité; aussi, fut-il bien court.

Les convulsions, cette terreur de toutes les mères, les convulsions mirent la vie de mon enfant en danger.

J'avais beau le serrer sur mon cœur, ses petits

membres se tordaient, sa figure devenait bleuâtre; je le couvrais de baisers, je le réchauffais de mon haleine, je lui disais, les mains jointes : « Tais-toi! tes cris me font mourir! » et je priais. Il se détendait et reposait quelques heures ; puis, les convulsions revenaient, plus horribles.

Huit jours s'étaient passés dans cette lutte affreuse ; il lui prit une crise, il se détendit...

Je crus qu'il reposait. Je priai la Vierge-Mère de mettre fin à ses souffrances, en lui sauvant la vie, ou de me prendre, plutôt que de le torturer ainsi. Je n'avais plus la force de le voir souffrir.

J'attendis longtemps son réveil ; je le soulevai, il était raide de froid. Je le laissais tomber, puis, je le reprenais dans mes bras, sans pouvoir verser une larme:

— Malheureuse! me disais-je, c'est toi qui l'as tué !... Est-ce que tes prières montent en haut ?

Et je courus dans les escaliers en criant que je voulais un médecin, que mon enfant ne pouvait pas être mort sans moi.

On parvint à me prendre le cadavre de ce pauvre petit ange. Un des jeunes gens de la maison paya les frais d'enterrement.

Je suivis mon fils à Montparnasse. Je fis mettre sur sa bière une marque, pour le faire tirer de la fosse commune quand j'aurais de quoi lui acheter une croix et un entourage.

Je passai quinze jours, désolée, folle ; je ne remontais plus dans la chambre où il était mort ; chacun me donnait l'hospitalité.

— Allons! me dit un brave garçon, vous ne pouvez rester comme cela ; venez vous distraire.

Ils me firent dîner, boire et m'emmenèrent à Mabille.

C'est le premier jour que vous m'avez vue avec une robe de laine noire. Il me fallait de l'argent pour retourner là-bas... à Montparnasse. J'en ai, et je suis heureuse. Je ne crains plus qu'une chose, c'est de rencontrer mon père : il me tuerait, et je prends un goût énorme pour la vie ; je suis fière de moi. Dans quelque temps, je serai riche ; je suis déjà à la mode...

Elle m'avait fait ce récit tout d'un trait, avec une grande facilité de langage, et du ton le plus naturel, le mieux senti.

A partir de ce moment, je pris d'elle une toute autre opinion que celle que j'en avais conçue d'abord. La reine Pomaré disparaissait, et, à sa place, je voyais une pauvre fille, encore plus malheureuse que moi.

Il n'était pas jusqu'à ce doux nom de Lise qui avait pour moi je ne sais quelle mystérieuse sympathie. Quand on n'a pas de famille, on s'en fait une avec les infortunes et les amitiés qu'on rencontre sur son chemin.

Je pris congé de Lise, convaincue qu'elle avait des éclairs de folie, mais sentant que je l'avais prise en grande affection.

Ma liaison avec Adolphe allait chaque jour se refroidissant. Ses premiers dédains avaient tué mon amour pour lui, et le goût très-vif qu'il avait paru, depuis, éprouver pour moi, n'avait pu faire renaître cet amour.

Adolphe était loin d'être une nature vulgaire. Il avait de l'esprit ; il était brave comme son épée et un peu querelleur ; mais il était léger en amour, et n'avait pas dans le cœur cette fièvre de passion, ou ce charme de sensibilité qui peuvent captiver longtemps une femme lancée dans le tourbillon où je m'étais jetée.

Mes visites à Versailles devenaient de plus en plus rares.

Il essaya quelque temps de combattre les progrès de mon indifférence ; mais quand il vit qu'il n'y avait plus de ressources, il prit une résolution devant laquelle il avait hésité jusqu'alors, bien qu'elle dût servir à son avancement, et il s'attacha en qualité de chirurgien à un régiment qui quittait Paris.

L'amitié me consolait des vacances de l'amour. La société qui me plaisait le plus était celle de Lise, dont l'intelligence fantasque avait véritablement quelque chose d'entraînant. Pourtant, elle avait à mes yeux un grand inconvénient, celui d'être intimement liée avec une petite femme, qu'on appela, quelques jours plus tard, Rose Pompon.

Cette petite femme avait une figure charmante, une tournure affreuse; elle parlait à tort et à travers, vous crachait au visage en parlant et s'habillait comme un fagot. Elle était avare, mais avare, avare à tondre un œuf. Jugez-en : elle était enceinte; Pomaré lui envoya un médecin, fit baptiser l'enfant, acheta la layette; elle vendait ses effets pour l'obliger quand elle n'avait pas d'argent, car Pompon se disait sans ressources. Elle sortit au bout de dix jours. Pomaré voulut, en son absence, chercher quelque chose dans un meuble; qu'est-ce qu'elle trouva, caché dans des bas? Dix louis en or et quelques bijoux, que l'adroite Pompon avait soigneusement mis en réserve.

Cette femme me déplaisait, à un point que je restai quelque temps sans voir Lise. Les bals d'été étaient fermés; je ne la rencontrais même plus; j'entendis raconter qu'elle allait danser la polka au Palais-Royal.

Mes amis m'engagèrent à exploiter le succès que j'avais eu à Mabille. Ils me dirent qu'il y avait peut-être mieux à faire que de me poser en danseuse, et que le moment était venu de faire une seconde tentative pour entrer au théâtre.

FIN DU PREMIER VOLUME.

TABLE

		Pages
I	Ma famille. — Un voyage à pied	1
II	Mon beau-père	18
III	Mon beau-père (suite)	35
IV	L'insurrection de Lyon	57
V	M. Vincent	90
VI	Thérèse	126
VII	Denise	162
VIII	La Chute	199
IX	L'hôpital Saint-Louis	251
X	Le bal Mabille	277
XI	La reine Pomaré	303

www.ingramcontent.com/pod-product-compliance
Lightning Source LLC
Chambersburg PA
CBHW070626160426
43194CB00009B/1384